Andreas Wernet

Einführung in die Interpretationstechnik der Objektiven Hermeneutik

2. Auflage

VS VERLAG FÜR SOZIALWISSENSCHAFTEN

Bibliografische Information Der Deutschen Nationalbibliothek
Die Deutsche Nationalbibliothek verzeichnet diese Publikation in der
Deutschen Nationalbibliografie; detaillierte bibliografische Daten sind im Internet über
<http://dnb.d-nb.de> abrufbar.

2. Auflage August 2006

Alle Rechte vorbehalten
© VS Verlag für Sozialwissenschaften | GWV Fachverlage GmbH, Wiesbaden 2006

Lektorat: Frank Engelhardt

Der VS Verlag für Sozialwissenschaften ist ein Unternehmen von Springer Science+Business Media.
www.vs-verlag.de

Das Werk einschließlich aller seiner Teile ist urheberrechtlich geschützt. Jede Verwertung außerhalb der engen Grenzen des Urheberrechtsgesetzes ist ohne Zustimmung des Verlags unzulässig und strafbar. Das gilt insbesondere für Vervielfältigungen, Übersetzungen, Mikroverfilmungen und die Einspeicherung und Verarbeitung in elektronischen Systemen.

Die Wiedergabe von Gebrauchsnamen, Handelsnamen, Warenbezeichnungen usw. in diesem Werk berechtigt auch ohne besondere Kennzeichnung nicht zu der Annahme, dass solche Namen im Sinne der Warenzeichen- und Markenschutz-Gesetzgebung als frei zu betrachten wären und daher von jedermann benutzt werden dürften.

Umschlaggestaltung: KünkelLopka Medienentwicklung, Heidelberg
Umschlagbild: Max Weber-Arbeitsstelle, Bayerische Akademie der Wissenschaften München
Druck und buchbinderische Verarbeitung: MercedesDruck, Berlin
Gedruckt auf säurefreiem und chlorfrei gebleichtem Papier
Printed in Germany

ISBN-10 3-8100-4142-4
ISBN-13 978-3-8100-4142-5

Inhalt

Vorbemerkung ... 9

I. Methodologische Stichworte ... 11
1. Textinterpretation als Wirklichkeitswissenschaft ... 11
2. Der Text als regelerzeugtes Gebilde ... 13
3. Fall-Struktur-Rekonstruktion ... 15
4. Fallrekonstruktion als Sequenzanalyse ... 16
5. Latente Sinnstruktur ... 18
6. Fallstruktur-Generalisierung ... 19

II. Die Prinzipien der objektiv-hermeneutischen Textinterpretation ... 21
1. Kontextfreiheit ... 21
2. Wörtlichkeit ... 23
3. Sequenzialität ... 27
4. Extensivität ... 32
5. Sparsamkeit ... 35

III. Geschichten – Lesarten – Fallstruktur ... 39
Beispiel 1: *Möchst dein Brot selbst machen?* ... 40
Beispiel 2: *Mein Freund ist Ausländer* ... 43
Beispiel 3: *Wann geben Sie uns die Klassenarbeiten wieder?* ... 47
Abschließende Bemerkungen ... 51

IV. Eine Fallrekonstruktion am Beispiel eines Lehrerinterviews ... 53
1. Vor der Textinterpretation: Fallbestimmung und Interaktionseinbettung ... 53
1.1 Fallbestimmung: Was interessiert uns am Lehrerberuf? ... 54

1.2 Interaktionseinbettung: Zum Protokollstatus des Interviews 57
1.3 Abschließende Bemerkungen 59
2. *Die Textinterpretation* 60
2.1 Die Interviewfrage 62
2.2 Die erste Interviewsequenz 64
2.3 Die Interpretation wird komplex: Analyse von Textelementen und ihre Zusammenführung 73
2.4 Von der extensiven Feinanalyse zur Kurzüberprüfung 80
3. *Fallstrukturgeneralisierung: Theoretische Würdigung der Fallstruktur* 85

V. Zur schnellen Orientierung 89

Zitierte Literatur 95

Bibliographische Notiz 97

Kapitelübersicht

I. Methodologische Stichworte

Dieses Kapitel charakterisiert den methodologischen Standort der Objektiven Hermeneutik. Es richtet sich an diejenigen Leser, die mit der Methodologie der Objektiven Hermeneutik nicht vertraut sind und soll einen ersten Eindruck verschaffen. Die methodologischen Positionen werden lediglich dargestellt, nicht begründet.

II. Die Prinzipien der objektiv-hermeneutischen Textinterpretation

Hier werden 5 Grundprinzipien der Interpretation erläutert. Diese Prinzipien bilden die Brücke zwischen Theorie und Praxis der Methode. Die interpretationspraktische Bedeutung der Prinzipien steht hier im Zentrum.

III. Geschichten – Lesarten – Fallstruktur

Wie gelangt man zu einer Bedeutungsexplikation und wie lässt sich deren Geltung überprüfen? Die interpretatorische Grundoperation wird in diesem Kapitel erläutert und an drei Beispielen vorgeführt.

IV. Eine Fallinterpretation am Beispiel eines Lehrerinterviews

Am Beispiel einer durchgeführten Fallrekonstruktion wird das Verfahren idealtypisch vorgestellt. Dazu gehören (1) diejenigen Operationen, die die Textinterpretation vorbereiten (Fallbestimmung und Interaktionseinbettung), (2) die Textinterpretation als solche und (3) die theoretische Rückbindung der Interpretation. Die Textanalyse zielt darauf, dem Leser die Interpretationsschritte detailliert vor Augen zu führen.

V. Zur schnellen Orientierung

Hier sind die wichtigsten Regeln, Maximen und Hinweise zum Vorgehen zusammengetragen.

Vorbemerkung

Methodische Kontrolle ist nicht alles. Sie ist nur *ein* Aspekt des Forschungsprozesses, aber sie ist – zumal für die Objektive Hermeneutik[1] – ein zentraler Aspekt. Dass der Akt der Interpretation als methodischer Kern einer sinnverstehenden Wirklichkeitserschließung angesehen wird, und dass die Geltung dieser Interpretation *überprüfbar* ist, gehört zu den tragenden Säulen der Objektiven Hermeneutik.

Aber wann ist eine Interpretation richtig, wann ist sie falsch? Und wie gelange ich zu einer richtigen Interpretation? Die Methode der Objektiven Hermeneutik gibt Prozeduren der Interpretation und ihrer Geltungssicherung an. Das vorliegende Buch will diese Prozeduren transparent und nachvollziehbar machen. Es richtet sich an all diejenigen, die mit dem Verfahren arbeiten wollen und vor konkreten Problemen der Durchführung der Interpretation stehen. Dazu gehört natürlich auch die Durchführung von Interpretationen im Rahmen von Lehrveranstaltungen. Das Buch ist aus dem Seminarbetrieb heraus entstanden und für diesen geschrieben. Es gibt Anleitungen zur selbständigen Durchführung von Textinterpretationen.

Das interpretationspraktische Anliegen dieses Buches zwingt zu Abstrichen an anderen Stellen. So kann die methodologische Position der Objektiven Hermeneutik in einem Eingangskapitel nur in aller Kürze vorgestellt werden. Theorie und Begründung des Verfahrens stehen nicht im Zentrum dieses Buches.

Viele Aspekte der Forschungspraxis müssen unberücksichtigt bleiben. Ich thematisiere ausschließlich die Operation der Textinterpretation als Bestandteil des Forschungsprozesses. Oevermann hat das methodische Vorgehen der Objektiven Hermeneutik als *Kunstlehre* charakterisiert (vgl. Oevermann 1979, 391f.; Oevermann 1993, 126). Diese Bezeichnung betont die Nichtstandardisierbarkeit des forschungspraktischen Vorgehens (vgl. Hildenbrand 1999, 14). Mit jedem neuen Forschungsbeitrag entstehen neue methodische

---

[1] „Objektive Hermeneutik" verstehe ich als Eigenname. Ich schreibe deshalb das Adjektiv, entgegen den Gepflogenheiten, groß.

Varianten (vgl. Reichertz 1995, 387)[2]. Darüber ist in diesem Buch nur andeutungsweise zu erfahren. Ich betone dagegen die *methodentechnischen Kernoperationen* der Textinterpretation. Welcher Gegenstand auch immer mit welchem Interesse untersucht wird; immer wird im Zentrum eines objektivhermeneutischen Forschungsvorhabens eine interpretative Textrekonstruktion stehen. Welche Regeln *dort* zu beachten sind, davon handelt dieses Buch.

Die Unebenheiten, die die Konzentration auf die methodentechnischen Aspekte des Verfahrens mit sich bringt, nehme ich in Kauf. So setzt sich Kapitel III dem Problem aus, Beispielinterpretationen gleichsam ohne Forschungsinteresse durchzuführen. Der Erkenntnisgegenstand, um den es der Textinterpretation geht, wird nur angedeutet. Dem will Kapitel IV abhelfen. Hier stelle ich das interpretatorische Vorgehen im Rahmen einer durchgeführten Fallrekonstruktion vor. Ich simuliere einen Forschungsbeitrag, um die Interpretationstechnik zu demonstrieren. Aber auch hier verkehre ich die forschungslogische Perspektive: die Methode dient nicht der Sache, sondern die Sache dient der Demonstration der Methode. Das Erkenntnisinteresse am Gegenstand muss sich der Methodenlehre unterordnen. Die „Sache zum Sprechen bringen" charakterisiert das Forschungsverständnis der Objektiven Hermeneutik. Die methodentechnischen Operationen, die dahin führen, sind der Gegenstand dieses Buches.

Ohne die Zusammenarbeit mit Elisabeth Flitner – wir bieten am Institut für Pädagogik der Universität Potsdam regelmäßig ein Methodenseminar zur Objektiven Hermeneutik an –, ohne ihre Unterstützung und ihr Insistieren wäre dieses Büchlein nicht in Angriff genommen worden. Ihr gilt mein besonderer Dank.

Jürgen Diederich und seinem Forschungsteam (Teile des Manuskripts waren dort Gegenstand eines Forschungskolloquiums), Christine Fromm, Rieke Häfner-Wernet, Kai-Olaf Maiwald, Frank Ohlhaver, Andreas Seidel, Martin Schmeiser, Hansjörg Sutter, Dirk Tänzler und Michael Tiedtke danke ich für detaillierte Diskussionen des Manuskripts.

Jens Frasek, Jörg Kurze, Wolfram Meyerhöfer, Sandra Rademacher und Tanja Übelacker verdanke ich geduldiges Zuhören und viele Anregungen.

Andreas Wernet

---

2 Die Vielfältigkeit der Fragestellungen und Interessensrichtungen, der objekttheoretischen Gegenstandskonstitution und der methodischen Vorgehensweise lässt sich an den Monographien, die ich in der „Bibliographischen Notiz" am Ende des Buches anführe, studieren.

I. Methodologische Stichworte

Dieses Kapitel charakterisiert den methodologischen Standpunkt der Objektiven Hermeneutik. Zur ersten Orientierung werden hier die wichtigsten Positionen der objektiv-hermeneutischen Methodologie vorgestellt.

1. Textinterpretation als Wirklichkeitswissenschaft

Die Objektive Hermeneutik ist ein Verfahren der Textinterpretation mit dem Anspruch, die Geltung der Interpretation an intersubjektive Überprüfbarkeit zu binden. Diejenigen, die sich mit Texten beschäftigen, mag dieser Anspruch interessieren oder gar provozieren. Aber wer interessiert sich schon für Texte?

Ulrich Oevermann, der dieses Verfahren eingeführt und begründet hat, gibt auf diese Frage eine klare Antwort. Der Text ist die „materiale Instanz für die Überprüfung jedweden Typs sozialwissenschaftlich bedeutsamer Interpretation" (Oevermann 1986, 45). Empirische Sozialwissenschaft *muss* sich für Texte interessieren, weil ihr Gegenstand ihr in Texten gegenüber tritt und weil sie die Aussagen über ihren Gegenstand an nichts anderem als an Texten überprüfen kann. Wie ist das zu verstehen?

Die hier zitierte Behauptung von Oevermann nimmt ein spezifisches Verständnis von Sozialwissenschaft in Anspruch: es geht um *Interpretation*. Die von diesen Wissenschaften zu untersuchende Welt ist eine sinnhafte, und empirisch überprüfbare Aussagen über diese Welt zu treffen heißt nichts anderes, als sie *verstehend* zu erfassen. Das Anliegen der Objektiven Hermeneutik besteht in einer *methodischen Kontrolle der wissenschaftlich-empirischen Operation des Verstehens*.

Die Objektive Hermeneutik geht davon aus, dass sich die sinnstrukturierte Welt durch Sprache konstituiert und in Texten materialisiert[3]. Der Ge-

---

3   Nichtsprachliche Texte stellen für diese Konzeption keine grundsätzliche Schwierigkeit dar. Insofern sie versprachlicht werden können – und nur so stehen sie einem interpretato-

genstand der sinnverstehenden Wissenschaften bildet sich erst durch die Sprache und tritt in Texten in Erscheinung. Die soziale Wirklichkeit ist textförmig. Diese Annahme der Textförmigkeit sozialer Wirklichkeit markiert zugleich den methodischen Zugang. Eine verstehende, methodisch kontrollierte Wirklichkeitserforschung *ist* Texterforschung. *Wirklichkeitswissenschaft ist Textwissenschaft.*

Aus der Perspektive des methodischen Zugriffs stellen Texte *Protokolle* der Wirklichkeit dar. Ein Protokoll ist nichts anderes als eine vertextete soziale Wirklichkeit. *Text-* und *Protokollbegriff* bezeichnen also denselben Sachverhalt aus unterschiedlicher Perspektive. Der Textbegriff ist in einer Konstitutionstheorie der sinnhaften Welt angesiedelt, während der Protokollbegriff den empirisch-methodischen Zugriff auf diese Welt thematisiert.

Die methodologische Bedeutung des Text- und Protokollbegriffs der Objektiven Hermeneutik ist darin zu sehen, dass das Protokoll und *nur* das Protokoll den Zugang zur methodisch kontrollierten Wirklichkeitserforschung erlaubt. Es liefert die Basis einer mit Geltungsanspruch versehenen Interpretation: „*Die methodisch kontrollierte Rekonstruktion von erfahrbarer Wirklichkeit findet also ihre prinzipielle Grenze an der Differenz von Protokoll und protokollierter Wirklichkeit.* Ein direkter Zugang zur protokollierten Wirklichkeit selbst ist methodologisch prinzipiell nicht möglich, vielmehr dem Hier und Jetzt der Lebenspraxis vorbehalten." (Oevermann 1993, 132)

Die Pointe dieses „methodologischen Realismus" (vgl. Oevermann 1993, 118) besteht darin, von vornherein die Vorstellung fallen zu lassen, es gäbe irgendeinen unmittelbaren Zugang zu der sozialen Lebenswelt, der nicht den vermeintlichen Umweg über den Text gehen müsse. Die Objektive Hermeneutik sieht in der strikten methodischen Berufung auf das Protokoll weder ein Defizit noch einen Umweg. Die Vorstellung, die „eigentliche" Wirklichkeit sei in der Beschränkung auf die Analyse von Texten gar nicht in den Blick zu nehmen oder diese Beschränkung nehme zumindest eine große Verarmung in Kauf, ist der Objektiven Hermeneutik völlig fremd.

Besonders einleuchtend plausibilisiert Oevermann diese Sichtweise an der Frage, wie sich die Qualität von Protokollen überprüfen lasse. Wie kann beispielsweise die Adäquanz eines Protokolls hinsichtlich der Wirklichkeit, die es protokolliert, bestritten werden? Die Antwort ist einfach: nicht etwa durch einen unmittelbaren Zugriff auf die „wirkliche Wirklichkeit", sondern ausschließlich durch ein besseres, wirklichkeitsadäquates Protokoll. Diese Überlegung zeigt, dass das Protokoll nicht als Datenträger im üblichen Sinne aufgefasst wird. Es stellt keine Informationen über einen außer ihm liegenden Gegenstand zur Verfügung, deren systematische Bearbeitung dann Aussagen über diesen Gegenstand zuließe. In der Objektiven Hermeneutik *ist* das Pro-

---

rischen Zugang zur Verfügung –, gelten sie als Texte und damit als Gegenstand einer Sinnrekonstruktion. Vgl. dazu Oevermann 1986, 46.

tokoll der Gegenstand.[4] Oevermann drückt dies folgendermaßen aus: „Protokolle erscheinen leicht als bloß forschungstechnisch bedeutsame Datenblätter. Sie sind aber immer viel mehr. Sie repräsentieren zugleich die Textförmigkeit sozialer Wirklichkeit" (Oevermann 1986, 47) und damit, so muss man hinzufügen, die Wirklichkeit selbst als Gegenstand einer methodischen Erschließung.

2. Der Text als regelerzeugtes Gebilde

Die *Verbindlichkeit* der Textinterpretation gründet sich auf die *Regelgeleitetheit sozialen Handelns*. Der Geltungsanspruch, den die objektiv-hermeneutische Bedeutungsexplikation erhebt, stützt sich auf die Inanspruchnahme geltender Regeln. *Soziales Handelns konstituiert sich entlang dieser Regeln und die Interpretation der Protokolle dieses Handelns erfolgt unter Rückgriff auf unser Regelwissen.*

Diese Formulierungen verweisen darauf, dass der Regelbegriff als Bindeglied zwischen Gegenstand und Methode fungiert. Einerseits thematisiert er die Konstitution sozialen Handelns, andererseits stellt er das Schlüsselkonzept der methodisch angeleiteten Rekonstruktion sozialen Handelns dar.

Das Konzept der Regelgeleitetheit geht davon aus, dass jede Handlung, jede soziale Praxis, sich in einem Raum regelerzeugter Möglichkeiten bewegt. Die fundamentale Bedeutung der Regelgeleitetheit ist in ihrer *Nichthintergehbarkeit* zu sehen. Die Lebenspraxis kann sich ihr weder entziehen, noch kann sie die Regelgeltung außer Kraft setzen. Sie kann die regelgeleitete Welt nicht verlassen. Sie kann und muss einen Ort in dieser Welt einnehmen. Und dieser Ort ist nur bestimmbar unter Rekurs auf Regeln. Das Konzept der Regelgeleitetheit formuliert, anders als etwa soziale Normen, nicht, *was zu tun ist*, sondern *was es heißt, etwas zu tun*. Die Regelgeleitetheit verleiht der Handlung erst Bedeutung.

Komplementär dazu muss und kann sich die interpretatorische Rekonstruktion der Bedeutung der Handlung auf die Kenntnis der text- bzw. wirklichkeitserzeugenden Regeln berufen. Eben weil wir als Interpreten diese Re-

---

4   Die Textförmigkeitsannahme der Objektiven Hermeneutik ist auch dafür verantwortlich, dass eine Methode der Datenerhebung im eigentlichen Sinne hier nicht vorliegt. Der Datenbegriff verweist auf eine Methodologie, die ihrem Forschungsobjekt Informationen entlocken muss, um zu triftigen Aussagen zu kommen. Entsprechend kommt der Daten- bzw. Informationsgewinnung im Forschungsprozess zentrale Bedeutung zu. Für ein objektiv-hermeneutisches Forschungsvorhaben stellt sich dagegen lediglich das Problem der Protokollbeschaffung. Dieses Problem kann sich durchaus forschungspraktisch als ausgesprochen schwierig erweisen (wie erhalte ich beispielsweise Protokolle von informell-vertraulichen Gesprächen). Darüber hinaus ist die Klärung des Protokollstatus (vgl. Kapitel IV, 1.2) von zentraler Bedeutung. Eine Methode der Datenerhebung ist damit aber nicht formuliert.

geln kennen, können wir die Bedeutung von Texten explizieren. Die objektiv-hermeneutische Textinterpretation stützt sich auf Regelwissen.

Aber welche Regeln kennen wir und wie können wir sicher sein, sie zu kennen? Hier kommt denjenigen Regeln eine methodologische Schlüsselstellung zu, über die wir im Sinne des Kompetenzbegriffs immer schon verfügen müssen, wenn wir ihre Geltung material kritisieren wollen. Nach Oevermann gilt dies vor allem für folgende Regelkomplexe: (1) Die universellen und einzelsprachspezifischen Regeln der sprachlichen Kompetenz, (2) die Regeln der kommunikativen oder illokutiven Kompetenz (Universalpragmatik), (3) die universellen Regeln der kognitiven und moralischen Kompetenz (vgl. Oevermann 1979, 387). Diese Regelkomplexe sind insofern als universal zu bezeichnen, als ihre Geltung nicht hintergehbar ist. Die Kritik des materialen Gehalts dieser Regeln muss immer schon ihre Geltung in Anspruch nehmen. Ich kann beispielsweise ein sprachliches Angemessenheitsurteil nur kritisieren, indem ich die sprachliche Regelgeltung selbst in Anspruch nehme. Im Anschluss an diesen Regeltypus kann eine Fülle von Regeln abnehmender Reichweite und Allgemeinheit in Anspruch genommen werden, bis hin zu Regeln mit geringer Reichweite (z.B. milieuspezifische Normen) und von u. U. nur sehr kurzer Lebensdauer (sie „sterben" mit dem Milieu aus) (vgl. Oevermann 1986, 22ff.: „Zum Begriff der Regel und zum Verfahren der Geltungsbegründung"). In dem Maße, in dem die Allgemeinheit und Reichweite der in Anspruch genommenen Regeln abnimmt, kann sich selbstverständlich das Problem stellen, dass wir über diese Regeln nicht hinreichend und gesichert verfügen. Im Einzelfall wird es also zu einer Überprüfung der Unterstellung der Geltung der in Anspruch genommenen Regeln kommen müssen. Aber darin ist kein grundsätzliches Problem der Geltungssicherung zu sehen. Denn die Interpretation selbst weist dies aus. In diesem Fall kann eine Kritik der Interpretation an einer Kritik der unterstellten Regelgeltung ansetzen und wird dies tun.

Der privilegierte Regeltypus, auf den sich die methodische Kontrolle der objektiv-hermeneutischen Textinterpretation stützt, betrifft die nichthintergehbaren Regeln, über die wir als sprach-handlungsfähige Subjekte verfügen. Das Verfahren der Objektiven Hermeneutik zielt darauf, die Interpretation auf diese Regeln zu gründen. Die interpretationspraktischen Prozeduren sollen gewährleisten, unsere Regelkompetenz interpretatorisch auszuschöpfen.

Besondere Betonung verdient in diesem Zusammenhang der Umstand, dass sich die Geltungsüberprüfung einer Interpretation nicht auf das materiale Wissen oder auf die lebensweltliche Vertrautheit mit dem Forschungsgegenstand beruft. Wenn die objektiv-hermeneutische Analyse beispielsweise ein Versprechen zu interpretieren hat, so wird die interpretatorische Kernoperation nicht darin bestehen, unsere „Lebenserfahrungen" zu mobilisieren – etwa, dass Versprechen häufig nicht ernst gemeint sind –, sondern es gilt dann, die regelförmigen Implikationen des Versprechens zu explizieren, etwa die Unterstellung der Erfüllung des Versprochenen. Die Regelkompetenz, die es uns ermöglicht, eindeutig anzugeben, „was ein Versprechen ist", liefert das Fundament für die Geltungssicherung der objektiv-hermeneutischen Textinterpretation.

3. Fall-Struktur-Rekonstruktion

Die objektiv-hermeneutische Textinterpretation zielt auf Strukturrekonstruktion. Die Bedeutung des Regelbegriffs ergibt sich aus dem Umstand, dass sich die lebenspraktische Erzeugung einer Sinnstruktur immer regelgeleitet vollzieht. Die Objektive Hermeneutik geht davon aus, dass die Handlungsoptionen einer je konkreten Lebenspraxis durch Regeln formuliert sind. Welche Möglichkeiten vorliegen und welche Folgen welche Möglichkeiten zeitigen, darüber befindet nicht die Handlungspraxis, sondern darüber hat die Welt der sozialen Regeln schon vorgängig befunden. Welche der durch Regeln eröffneten Handlungsoptionen realisiert wird; das entscheidet nicht die Regel, sondern die Fallstruktur.

Um das Beispiel des Versprechens noch einmal aufzunehmen: Die Regeln des Versprechens zwingen mich nicht dazu, das von mir gegebene Versprechen auch einzulösen. Im Gegenteil: die Regeln eröffnen erst die Handlungsalternativen einlösen/nicht einlösen und sie verleihen diesen Alternativen ihren spezifischen Sinn. Ebensowenig zwingen mich die Regeln der Begrüßung dazu, einen Gruß zu erwidern. Sie machen vielmehr aus dem Ausbleiben der Erwiderung des Grußes erst eine sinnhafte Handlung.

Die Besonderheit einer je konkreten Wirklichkeit zeigt sich also in ihrer Selektivität. Sie hat sich so und nicht anders entschieden. Die Möglichkeiten, die diese Wirklichkeit besitzt, sind durch die geltenden Regeln formuliert. Aber die Wahl, die die Lebenspraxis trifft, ist keine Funktion der Regelgeltung, sondern eine Funktion der die Besonderheit dieser Lebenspraxis kennzeichnenden Selektivität. Die je konkrete Handlungsinstanz wählt bestimmte Optionen und in dem Maße, in dem diese Wahl einer spezifischen Systematik folgt, in dem Maße also, in dem wir einen Fall an der Charakteristik seiner Optionenrealisierung wiedererkennen, sprechen wir von dem Vorliegen einer *Fallstruktur* (vgl. Oevermann 1991, 271).

Der Strukturbegriff verweist darauf, dass die Selektionen, die eine Lebenspraxis vornimmt, nicht beliebig sind und nicht zufällig variieren. Die Selektionen selbst folgen einer Struktur. Und erst ihre Strukturiertheit verleiht der Lebenspraxis ihre Identität. *Die objektiv-hermeneutische Textinterpretation zielt auf die Rekonstruktion der Strukturiertheit der Selektivität einer protokollierten Lebenspraxis.*

Die Explikation einer Fallstruktur darf dabei nicht verwechselt werden mit der Formulierung eines *Gesetzes*, aus dem sich dann deduktiv das soziale Handeln ableiten ließe. Wenn in der Objektiven Hermeneutik häufig der

Terminus Fallstruktur*gesetzlichkeit* gebraucht wird, dann soll dies darauf hinweisen, dass die strukturierende Kraft nicht minder gewichtig ist, als die Wirkkraft eines Gesetzes und dass die methodische Kontrolle und Überprüfung der Explikation einer Fallstruktur in derselben Verbindlichkeit vorgenommen werden kann, wie die Überprüfung einer Gesetzeshypothese.

Gleichwohl bleibt Strukturrekonstruktion *Sinnexplikation*. Sinn und Struktur sind in der Objektiven Hermeneutik aufeinander verweisende Konzepte. Die Sinnhaftigkeit selbst verweist auf die Strukturiertheit, und die Unterstellung einer Strukturiertheit verweist darauf, dass diese Struktur eine Sinn- oder Bedeutungsstruktur ist[5].

4. Fallrekonstruktion als Sequenzanalyse

Die Selektivität einer Lebenspraxis auf der Folie der durch soziale Regeln eröffneten Handlungsmöglichkeiten vollzieht sich nicht statisch, sondern *prozessual*. Die durch Regeln eröffneten Handlungs- und Entscheidungsmöglichkeiten erscheinen ja als *Anschlussmöglichkeiten* innerhalb eines Ablaufs. Und so besteht die Rekonstruktion einer Fallstruktur nicht in der Sammlung und Systematisierung von Merkmalen einer protokollierten Lebenspraxis, sondern darin, die Selektivität dieser Lebenspraxis in der *Rekonstruktion der Ablaufstruktur der fallspezifischen Entscheidungen* zu formulieren. Die Logik der objektiv-hermeneutischen Sequenzanalyse besteht darin, „den tatsächlichen Ablauf als eine Sequenz von Selektionen zu sehen, die jeweils an jeder Sequenzstelle, d.h. einer Stelle des Anschließens weiterer Einzelakte- oder äußerungen unter nach gültigen Regeln möglichen sinnvollen Anschlüssen getroffen worden sind. Die Kette solcher Selektionsknoten ergibt die konkrete Struktur des Gebildes." (Oevermann 1991, 270) Die Rekonstruktion der Besonderung des Falles verweist also von vornherein auf einen *Bildungsprozess*. Reproduktionen und Transformationen von Strukturen erfolgen in einem unablässigen Prozess der Struktur*erzeugung*. Darin liegt die Historizität des Oevermannschen Strukturbegriffs.

Ein solcher Strukturbegriff verweist auf ein Modell der *Zukunftsoffenheit* von Lebenspraxis, wie es Oermann vor allem in Anschluss an George Herbert Mead (1934, 1969; vgl. Oevermann 1991, 297-302) entwirft. Denn natürlich macht die Rede von dem Ablaufcharakter der fallspezifischen Selektivität nur dann Sinn, wenn die jeweilige Entscheidungssituation auch wirklich offen, also nicht determiniert ist. Deshalb spricht Oevermann auch von einem konstitutionslogischen Primat der Transformation (vgl. Oevermann 1991, 274). Aus

---

5   „Entweder hat der Begriff der sozialen Struktur keinen Sinn, oder dieser Sinn hat bereits eine Struktur". So bringt Claude Lévi-Strauss (1953, 301) diesen Sachverhalt zum Ausdruck.

der konstitutionstheoretischen Perspektive stellen die Prozesse der Strukturtransformation die fundierende Bewegung des Sozialen dar. Strukturreproduktionen erscheinen demgegenüber als Innehalten dieser Bewegung. Die Reproduktionen sind gleichsam Rastplätze auf dem Weg der Strukturtransformation.

Methodisch-empirisch dagegen stehen die Prozesse der Strukturreproduktion im Vordergrund. Denn Strukturtransformationen lassen sich empirisch ausschließlich als Übergang von einer Strukturlogik in eine andere fassen. Das Entscheidende ist, dass diese Rekonstruktion der Strukturlogik eines sozialen Gebildes im Sinne der Rekonstruktion der Logik seiner Reproduktion in sich als dynamischer Vorgang verstanden wird und entsprechend nur durch ein sequenzanalytisches Vorgehen adäquat gewürdigt werden kann. Die nur scheinbare Statik der Strukturreproduktion ist tatsächlich als Bildungsprozess aufzufassen[6]. Die konstitutionslogische Vorgängigkeit der Transformation zeigt sich hier in der Überlegung, dass die Reproduktion einer Strukturlogik begrifflich nichts anderes darstellt als die Vermeidung von Transformation. Strukturreproduktion darf also nicht im Sinne einer begrifflichen Negation der Zukunftsoffenheit einer Lebenspraxis verstanden werden. Die Offenheit liegt im Falle der Reproduktion als *Möglichkeit* vor. Das zeigt sich im Rahmen der Sequenzanalyse darin, dass die protokollierte sequenzielle Selektivität eines Falles auch und gerade durch diejenigen Entscheidungsoptionen kenntlich wird, die der Fall *nicht* gewählt hat.

Hier zeigt sich im Übrigen auch, dass die Regelgeleitetheit sozialen Handelns nicht verstanden wird als positiv formulierter, umfangslogisch vollständiger und abgeschlossener Ereignisraum. Die Regelgeleitetheit schließt die neue, überraschende oder regelverletzende Wahl einer Handlungsoption nicht aus. Sie verleiht ihr vielmehr erst Bedeutung.

Für die Konzeption dieser sequenzanalytischen Sichtweise ist methodisch von besonderer Bedeutung, dass das hier präferierte Datenmaterial, nämlich „natürliche Protokolle", von vornherein ein sequenziiertes Gebilde darstellt. Der Ablaufcharakter und die „Selektionsknoten" werden durch den Text im Sinne eines protokollierten Handlungsablaufs sinnfällig repräsentiert. Hier stehen wir ja einfach vor einem Nacheinander von Textelementen. Die bloße Beachtung dieser textlich protokollierten Sequenzialität stellt schon das interpretationspraktische Kondensat der methodologischen Begründung der Sequenzialität der Lebenspraxis dar.

---

6 Gegen den Vorwurf eines statischen Strukturbegriffs formuliert Lévi-Strauss: „Denn wir geben bereitwillig zu, daß die Strukturen eine Genesis haben, sofern man ebenfalls zugibt […], daß jeder vorherige Zustand einer Struktur ebenfalls eine Struktur ist" (Lévi-Strauss 1976, 734).

5. Latente Sinnstruktur

Eine zentrale forschungslogische Ausrichtung der Objektiven Hermeneutik ist durch den Umstand gegeben, dass ein Text Bedeutungsstrukturen generiert, die jenseits des Selbstverständnisses und Selbstbildes einer sozialen Praxis liegen und die sich nicht in den Meinungen, Intentionen oder Wertorientierungen dieser Praxis erschöpfen. „Die Differenz zwischen der Ebene der objektiven latenten Sinnstrukturen und der Ebene der subjektiv-intentionalen Repräsentanz ist für die objektive Hermeneutik entscheidend." (Oevermann u.a. 1979, 380)[7]

Dass die Objektive Hermeneutik sich als Verfahren der Rekonstruktion latenter Sinnstrukturen versteht, heißt zunächst, dass die Interpretation den Text *nicht* aus der Perspektive der Motive und Intentionen der Handelnden deutet. Regel- und Strukturbegriff gründen die methodische Operation der Interpretation nicht auf eine Übernahme der lebensweltlichen Handlungsperspektive oder auf ein Sich-Hineinversetzen, sondern berufen sich auf die Möglichkeit einer Rekonstruktion der latenten Sinnstruktur des Textes entlang geltender Regeln.

Das heißt nicht, dass die latente und manifeste Bedeutungsebene als sich indifferent gegenüber stehend gedacht werden: „Die vollständige Koinzidenz der intentionalen Repräsentanz mit der latenten Sinnstruktur der Interaktion ist prinzipiell möglich, aber sie stellt den idealen Grenzfall der vollständig aufgeklärten Kommunikation in der Einstellung der Selbstreflexion dar." (Oevermann 1979, 380) Wäre diese „vollständig aufgeklärte Kommunikation" der Normal- und nicht der Grenzfall, hätte die Objektive Hermeneutik als Verfahren der Rekonstruktion latenter Sinnstrukturen gleichsam ihr Arbeitsfeld verloren. Die „aufgeklärte" Lebenspraxis hätte ja jene Rekonstruktionen schon vorgenommen, die sich die Objektive Hermeneutik zum Ziel gesetzt hat. Ohne die Annahme einer „Nichtidentität" der Sinnebenen macht das Verfahren der Objektiven Hermeneutik keinen Sinn.

Es wäre also ein Missverständnis anzunehmen, die Objektive Hermeneutik interessiere sich nicht für die Welt der „mentalen Repräsentanzen". Im Gegenteil: in die Rekonstruktion der latenten Sinnstruktur geht die Selbstauffassung des Handlungssubjekts im Sinne einer Differenzbestimmung notwendig mit ein. Insofern beruft sich eine objektiv-hermeneutische Fallrekonstruktion immer auf die Selbstauffassungen des Handlungssubjekts, die Handlungsintentionen usw. Sie erblickt darin aber nur *eine* Bedeutungsschicht, die aussagekräftig erst dann wird, wenn die Schicht der latenten Sinnstruktur aufgedeckt wird.

---

7   Sehr einfach kann diese Differenz an dem Phänomen der Fehlleistung veranschaulicht werden. Siehe dazu unten, Kapitel II.2.

6. Fallstruktur-Generalisierung

Explizit versteht sich die Objektive Hermeneutik als Gegenmodell zu einem subsumierend-klassifizierenden und gesetzeswissenschaftlichen Wissenschafts- und Theorieverständnis. Dies zeigt sich auch und vor allem an der Konzeption der Generalisierung der Forschungsergebnisse.

Die Entfaltung eines Kategoriensystems, das dazu dient, die empirisch vorfindlichen Merkmalsausprägungen darunter zu versammeln und zu ordnen, erscheint dem Gegenstand der Analyse: soziale Wirklichkeit, nicht angemessen. Denn die Operation der Subsumtion unterläuft die *Dialektik von Allgemeinem und Besonderem*. Sie kann in dem Einzelfall nicht mehr sehen als ein Exemplar (oder Nichtexemplar) einer begrifflichen Gattung. Dieses Vorgehen stellt eine ausgesprochene Verarmung der theoretischen Würdigung empirischer Phänomene dar. Denn durch die Subsumtion wird den theoretischen Modellen nicht mehr hinzugefügt als Informationen über die „empirische Verteilung von Merkmalskombinationen" (Oevermann 1981, 4).

Eine empirisch gesättigte Theoriebildung ist so nicht möglich. Demgegenüber beansprucht die Objektive Hermeneutik eine Theoriebildung „in der Sprache des Falles". In der Perspektive der Objektiven Hermeneutik „muss die Bedeutung eines theoretischen Begriffs, mit dem eine soziologische Strukturtheorie operieren soll, vollständig auf der Ebene der umgangssprachlichen Interpretation eines konkreten Fallbeispiels expliziert worden sein" (Oevermann 1981, 5).

Sowenig die Theorie als Gesetzesformulierung erscheint (Deduktion), sowenig erscheint der Fall als *Einzelheit*, von dem aus ein Gesetz sich hypothetisch formulieren ließe (Induktion). *Die fallrekonstruktive Strukturgeneralisierung folgt nicht der Logik des induktiven Schlusses*. Entsprechend spricht die Objektive Hermeneutik nie von *Einzel*fallanalysen. Der Allgemeinheitsanspruch der Interpretation ergibt sich aus den konstitutionstheoretischen Prämissen. Der analysierte Fall ist immer schon allgemein und besonders zugleich. Denn in jedem Protokoll sozialer Wirklichkeit ist das Allgemeine ebenso mitprotokolliert wie das Besondere im Sinne der Besonderheit des Falls. Der konkrete Fall ist insofern schon mehr als ein Einzelfall, als er ein sinnstrukturiertes Gebilde darstellt.

Die Besonderheit einer konkreten Lebenspraxis erweist sich, wie ausgeführt, in der Selektivität ihrer Entscheidungen. Allgemeinheit kommt der Fallstruktur alleine schon dadurch zu, dass sie unter Mitwirkung geltender Regeln sich gebildet hat. Aber selbst der Selektivität der konkreten Lebenspraxis, die ihre Besonderheit kennzeichnet, kommt Allgemeinheit zu, weil diese eine den „Anspruch auf allgemeine Geltung und Begründbarkeit erhebende praktische Antwort auf praktische Problemstellungen" (Oevermann 1991, 272) darstellt und insofern eine *typische* Selektivität darstellt. Nicht nur typisch für den konkreten Fall selbst, sondern typisch in Hinsicht auf das Handlungsproblem bzw. die Handlungskonstellation. Die Operation der *Fallstrukturgeneralisie-*

rung ist diesem Begriff der Allgemeinheit verpflichtet. Sie trifft keine Aussage über die Häufigkeit einer Merkmalsausprägung im Sinne einer statistischen Generalisierung. *Die Fallstrukturgeneralisierung nimmt eine begriffliche Würdigung der Ergebnisse der Fallrekonstruktion vor im Sinne der Formulierung einer materialen, empiriegesättigten Theorie.*

II. Die Prinzipien der objektiv-hermeneutischen Textinterpretation

Zur Orientierung habe ich den methodologischen Standpunkt der Objektiven Hermeneutik charakterisiert. Im Folgenden werde ich die Interpretationsprinzipien des Verfahrens vorstellen und erläutern. Diese Prinzipien schlagen eine Brücke zwischen Methodologie und Methode. Sie sind einerseits in den methodologischen Begründungen des Verfahrens verankert, sie formulieren andererseits aber auch konkrete Verfahrensregeln für die Interpretationspraxis. Letztere stehen für uns im Vordergrund. Ich werde die *methodentechnische Bedeutung dieser Prinzipien* in den Vordergrund rücken und die methodologischen Implikationen nur andeuten.

Die objektiv-hermeneutische Textinterpretation folgt den 5 Prinzipien: *(1) Kontextfreiheit, (2) Wörtlichkeit, (3) Sequenzialität, (4) Extensivität und (5) Sparsamkeit.*

1. Kontextfreiheit

Das Prinzip der kontextfreien Interpretation scheint auf den ersten Blick absurd. Wie kann ausgerechnet eine Methode des Verstehens auf den Kontext verzichten? Wenn wir eine Handlung verstehen wollen, sind wir dann nicht in besonderem Maße darauf angewiesen, den Kon-Text zu kennen? Offensichtlich kommt es doch darauf an, wer zu wem etwas sagt, in welcher Situation etwas gesagt bzw. getan wird, wann etwas gesagt wird, usw. Erst dann erhellt sich doch die eigentliche Bedeutung der Handlung. Demgegenüber scheint die Vorstellung einer kontextfreien Interpretation geradezu wirklichkeitsfremd.

Ein Teil dieser Einwände ist einem naheliegenden Missverständnis geschuldet: Kontextfreiheit bedeutet *nicht*, dass die Umstände einer Handlung nicht wichtig seien zum Verständnis der Bedeutung dieser Handlung. Wie wir sehen werden, spielt die Operation der Einbeziehung des Kontextes eine interpretatorisch zentrale Rolle. Allerdings, so der Standpunkt der Objektiven Hermeneutik, erfolgt diese Operation erst nach der kontextfreien Interpretation. Die Kontextuierung ist der kontextfreien Bedeutungsexplikation *systematisch nachgeordnet*. Erst durch diese Nachordnung werden die beiden Dimensionen analytisch unabhängig. Die Rekonstruktion der Bedeutung eines Textes durch den Kontext läuft nämlich Gefahr, den Text ausschließlich durch den Kontext zu verstehen. Eine solche Betrachtung würde offensichtlich keine Textanalyse darstellen, sondern eine Kontextanalyse. Von vornherein würde der Text als eigenständiges Wirklichkeitsgebilde unterlaufen und missachtet werden. Als Protokoll der Sinnstrukturiertheit der Wirklichkeit käme er nicht in den Blick.

> ➜ Das Prinzip der kontextfreien Interpretation bedeutet nicht, dass der Kontext keine Rolle spielt. Es bedeutet vielmehr, dass die Einbeziehung des Kontextes erst dann eine gehaltvolle und strukturerschließende, methodisch kontrollierte Operation darstellt, wenn *zuvor* eine kontextunabhängige Bedeutungsexplikation vorgenommen wurde.

Zur Verdeutlichung ein Beispiel aus einem frühen Text zur Objektiven Hermeneutik von Oevermann:

K: Mutti, wann krieg ich denn endlich mal was zu essen. Ich hab so Hunger.

Nach der kontextfreien Analyse dieser Äußerung gibt Oevermann folgende Kontextbeschreibung: „*Der Sprecher war ein sechsjähriger Junge, die Äußerung fiel, nachdem die Familie gerade zum Abendessen am Esstisch Platz genommen hatte. Auf dem Tisch standen Brot, Aufschnitt, Butter und Tomaten. Mit dem Essen konnte jeder beginnen, er musste sich nur Brote schmieren*" (Oevermann 1981, 13).

Eine Interpretation, die vom Kontext der Äußerung des Kindes ausgeht, könnte folgendermaßen aussehen: Das Kind hat Hunger und möchte mit dem Essen beginnen. Aus irgend einem Grund bedient es sich nicht ohne weiteres, sondern drängt darauf, dass es endlich mit dem Essen losgeht. Eine solche Interpretation ist dadurch gekennzeichnet, dass sie Text- und Kontextelemente dergestalt arrangiert, dass eine möglichst evidente Umschreibung des Geschehens ermöglicht wird.

Folgt man dem Prinzip der kontextfreien Interpretation, dann gilt es zunächst, die Bedeutung der Äußerung als solche zu explizieren. Diese Bedeutungsexplikation erfolgt, indem wir *gedankenexperimentelle Kontexte* konstruieren, in denen die Äußerung als wohlgeformt und adäquat erscheint. In dieser Interpretation sehen wir dann, dass die Äußerung: *Mutti, wann krieg ich denn endlich mal was zu essen. Ich hab so Hunger*, u.a. unterstellt, dass eine Person, die mit *Mutti* angesprochen wird, für die Essensbeschaffung zuständig ist und eine Nichtzuständigkeit bzw. Nichtverfügbarkeit seitens des Sprechers vorliegt. Erst wenn die hier nur angedeutete Operation der kontextfreien Interpretation ausführlich vorgenommen ist, zieht man den tatsächlichen Kontext der Äußerung heran. Im vorliegenden Beispiel wird erst dann in aller Schärfe die Dissonanz zwischen der kontextunspezifischen Bedeutung der Äußerung und dem Äußerungskontext sichtbar. Tatsächlich steht das Essen ja auf dem Tisch. Und erst diese Kontrastierung ermöglicht es, die Besonderheit und Eigentümlichkeit des Falles prägnant zu explizieren.

> ➔ Die Bedeutungsrekonstruktion, die die kontextfreie Äußerung vornimmt, basiert darauf, textkompatible *gedankenexperimentelle Kontexte* zu formulieren. In dem ersten Textzugriff werden ausschließlich diese gedankenexperimentellen Kontexte – statt des tatsächlichen Kontexts – zur Bedeutungsexplikation herangezogen.

Die kontextfreie Interpretation bedient sich also einer Haltung zum Text, die in einem ersten und vorläufigen Interpretationsschritt sich dem Text in „künstlicher Naivität" zuwendet. Es sollte deutlich geworden sein, dass diese Operation *vorläufig* ist. Es sollte auch deutlich geworden sein, dass die kontextfreie Interpretation unser Vorwissen in sehr spezifischer Form ausklammert. Denn ausschließlich unser Wissen um den kronkret vorliegenden Fall darf bei der kontextfreien Interpretation *nicht* herangezogen werden. Die „künstliche Naivität" bezieht sich also lediglich auf den zu interpretierenden Gegenstand einer Untersuchung. Die Kontextfreiheit der Interpretation versucht methodisch bewusst das Wissen um denjenigen Gegenstand, der im Fokus des Interesses steht, auszublenden. Forschungslogisch geht es dabei um die Vermeidung von Zirkularität. Wenn die Interpretation von dem Vorverständis lebt und abhängig ist, dann ist sie in dessen Belieben gestellt. Diese Beliebigkeit gilt es zu vermeiden. Aus dieser Perspektive besteht der Sinn der kontextfreien Interpretation darin, gegenüber einem nicht-wissenschaftlich gewonnenen Vorverständnis größtmögliche Unabhängigkeit zu wahren.

2. Wörtlichkeit

Wie schon das Prinzip der Kontextfreiheit, verpflichtet das Prinzip der Wörtlichkeit die Interpretation auf den Text. Will man den Text als Ausdruck von Wirklichkeit ernst nehmen und die Textanalyse als Wirklichkeitsanalyse begreifen, dann ist das Prinzip der wörtlichen Interpretation zwingend. Dem *methodologischen* Postulat der Textförmigkeit sozialer Wirklichkeit korrespondiert *methodisch* das Wörtlichkeitsprinzip. Und umgekehrt verunmöglicht eine Missachtung des Wörtlichkeitsprinzips die methodisch strikte Berufung auf Textverstehen als intersubjektiv überprüfbare Operation.

Das Prinzip der Wörtlichkeit besagt, dass die Bedeutungsrekonstruktion den tatsächlich artikulierten Text in seiner protokolliert vorliegenden Gestalt nicht ignorieren darf, auch und gerade dann nicht, wenn innertextliche Widersprüche auftreten.

Das prominente Vorbild für die Einhaltung dieses Prinzips stellt die von Freud so bezeichnete Fehlleistung dar. Wenn etwa „Tatsachen zum *Vorschwein* kommen" oder die Aufforderung ergeht, „auf das Wohl unseres Chefs *aufzusto-*

ßen" (vgl. Freud 1916/17, 64f.), dann stehen wir vor Texten, die zu erkennen geben, dass sie etwas sagen wollten, dies aber nicht gesagt haben. Im Alltag werden solche Fehlleistungen meist mit Lachen oder Schmunzeln bedacht. Daran sehen wir, dass beide Bedeutungsebenen erfasst werden. Wir sehen aber auch, dass in aller Regel die von der Intention des Sprechers abweichende Bedeutung nicht ernst genommen wird. Meist wird der Chef, auf dessen Wohl *aufgestoßen* wird, zusammen mit den anderen Gästen lachen und dem Versprecher keine weitere Bedeutung beimessen. Würde er beispielsweise seiner Frau zu Hause empört erzählen: *Stell Dir vor, der Meier wollte auf mein Wohl aufstoßen,* müsste er mit Unverständnis rechnen: *Du meine Güte,* wird die Gattin vielleicht sagen, *leg doch nicht immer alles auf die Goldwaage.*

> → Das Prinzip der Wörtlichkeit verpflichtet die Interpretation, den Text „auf die Goldwaage zu legen" in einer Weise, die uns in alltäglichen Verstehenskontexten als inadäquat und kleinlich erscheinen würde.

Der Grund dafür liegt auf der Hand und bedarf eigentlich keines weiteren Kommentars. Würde man nämlich die wörtliche Bedeutungsschicht ignorieren, dann würde man den Text als wissenschaftliche Datenbasis missachten. Sowenig wie es einem Archäologen einfallen kann, Ausgrabungsstücke wegzuwerfen, sowenig im Rahmen quantitativer Forschung nur die Hälfte der Fragebögen berücksichtigt werden, sowenig kann ein textwissenschaftliches Verfahren Textelemente willkürlich beiseite lassen.

Wir haben gesehen, dass das Prinzip der kontextfreien Interpretation die kontextuellen, also die *außertextlichen* Verweisungszusammenhänge eines Textes, nachgeordnet berücksichtigt und ihnen erst auf der Folie einer vorgängigen, kontextfreien Interpretation Aufmerksamkeit schenkt. Im Falle des Wörtlichkeitsprinzips sind es *innertextliche* Verweisungszusammenhänge, die es in ihrer analytischen Unabhängigkeit zu berücksichtigen gilt. Der Text selbst markiert eine Differenz. Wir müssen kein Vorwissen in Anschlag bringen, um diese Differenz zu sehen. Der Text selbst gibt diese Differenz preis. Die Versprecher „*zum Vorschwein kommen*" und „*auf das Wohl aufstoßen*" markieren ja unmissverständlich die Alternative der Wohlgeformtheit: *Vorschein* und *anstoßen*. Der Text legt aus sich heraus also die *Intention* des artikulierten Textes frei; nicht im Sinne einer außertextlichen Unterstellung, was wohl die eigentlichen Motive des Handelns gewesen sein mögen, sondern im Sinne einer textimmanenten Gestalt. Das Wörtlichkeitsprinzip verlangt lediglich, nicht nur diese Dimension der Textintention zu berücksichtigen, sondern auch die damit konfligierende wörtliche Textbedeutungsschicht in Rechnung zu stellen.

Seine methodische Bedeutung erhält das Wörtlichkeitsprinzip also nur dadurch, dass teximmanente Differenzen zwischen der ersichtlich intendierten Textbedeutung und ihrer sprachlichen Realisierung bemerkt werden. Ist dies nicht der Fall, kommt das Prinzip der wörtlichen Interpretation als Korrektiv zu einer textintentionalen Interpretation und damit als ausgewiesene methodische Operation erst gar nicht zum Vorschein. Das methodische Diktum erweist seine Strenge erst dann, wenn diese Differenz vorliegt.

> ➔ Das Prinzip der Wörtlichkeit eröffnet einen direkten interpretatorischen Zugang zur Explikation der Differenz zwischen manifesten Sinngehalten und latenten Sinnstrukturen eines Textes.

Eine Schwierigkeit ergibt sich aus dem Umstand, dass die Abweichungen des tatsächlich artikulierten Textes von seiner Aussageintention selten so offensichtlich sind, wie im Falle der psychoanalytischen Lehrbeispiele.

Zur Verdeutlichung ein Beispiel aus einem Interview mit einem Strafverteidiger. Dieser äußert sich zu seinem Beruf folgendermaßen: „*Die Schwierigkeit, den Schuldigen zu verteidigen, das macht den Reiz des Strafverteidigers.*" (vgl. Wernet 1997, 144)

Offensichtlich will dieser Strafverteidiger sagen, dass die Verteidigung des Schuldigen eine Schwierigkeit darstellt, die zugleich den Reiz des Berufs ausmacht: *den Schuldigen zu verteidigen ist reizvoll*. Das Prinzip der wörtlichen Interpretation lässt sich hier an der Besonderheit der Genitivbildung veranschaulichen, die dem flüchtigen Blick leicht entgeht. Entsprechend der Textintention müsste es natürlich heißen: „Reiz *der* Strafverteidigung" oder „Reiz *des Berufs*", nicht aber „Reiz *des Strafverteidigers*". Wörtlich genommen unterstellt diese Genitivbildung nämlich, dass der Strafverteidiger reizvoll *ist*, dass also nicht die berufliche Tätigkeit den Reiz ausübt, sondern *die Person*, die diese ausführt.

Eine Differenz zwischen Textintention und Textrealisierung wie die soeben zitierte unterläuft die Schwelle alltagsweltlicher Aufmerksamkeit. Würde der Strafverteidiger zu Gast sein in einer Talkshow, so würde das Publikum hier – anders als bei den Freud-Beispielen – kaum Lachen oder Schmunzeln. Der „Fehler" würde sehr wahrscheinlich unbemerkt bleiben. Dieser Unmerklichkeit arbeitet das Wörtlichkeitsprinzip entgegen. Es hält also nicht nur an der Explikation der wörtlichen Bedeutung dort fest, wo der Text suggestiv und offensichtlich eine Abweichung markiert, sondern richtet sich auch und vor allem darauf, solche Abweichungen dort in Rechnung zu stellen, wo diese Abweichungen derart gestaltet sind, dass sie sich der Aufmerksamkeit der alltagspraktischen Wahrnehmung entziehen.

Das Wörtlichkeitsprinzip macht sich den Umstand zunutze, dass ein Text dazu in der Lage ist, sowohl seine Intention, als auch die Abweichung davon zum Ausdruck zu bringen. Der Verzicht auf die wörtliche Interpretation würde bedeuten, interpretatorisch ausschließlich die Textintention zu berücksichtigen, also diejenige Bedeutungsschicht, die der Text *manifest* artikuliert. Die wörtliche Interpretation dagegen zielt auf *latente Sinnschichten* der Äußerung, auf diejenigen Bedeutungsdimensionen, die offenkundig *nicht* im intentionalen Horizont des Textes stehen und die auch nicht mit den Meinungen, Überzeugungen und Selbstinterpretationen eines Falls übereinstimmen müssen. Die methodologische Grundausrichtung der Objektiven Hermeneutik als Verfahren der Rekonstruktion *latenter Sinnstrukturen,* vor allem in Abgrenzung zu einer inhaltsparaphrasierenden und auf Aussage- und Sprecherintentionen orientierten Text- und Sinninterpretation, findet in dem Prinzip der Wörtlichkeit seinen methodentechnischen Niederschlag. Wer den Text beim Wort nimmt, hat schon durch diese einfache Operation den entscheidenden Schritt getan, die Beschränkungen einer intentional-deskriptiven Interpretation zu überwinden.

Die Erfahrung zeigt, dass dieser Schritt nicht so leicht fällt, wie es scheinen mag. Eine wichtige Quelle dieser Schwierigkeiten scheint in forschungs*psychologischen* Motiven zu liegen. Die wörtliche Interpretation ist nämlich nicht nur eine Verfahrensweise, die von der alltagspraktischen Interpretation insofern abweicht, als sie dazu auffordert, auch dort akribisch vorzugehen, wo der Alltag schmunzelt bzw. weghört. Die Einhaltung des Wörtlichkeitsprinzips verlangt dem Interpreten nicht nur ab, eine andere als die alltagsweltliche Sichtweise einzunehmen, sondern systematisch eine Haltung zum Text einzunehmen, die, würde diese Haltung im Alltag praktiziert werden, eine *Verletzung* darstellen würde. Nicht selten führt im Seminar die wörtliche Interpretation zu Einwänden wie den folgenden: „Das darf man doch der Person nicht unterstellen", „das ist doch unfair und ungerecht", „das ist doch nicht schlimm", „warum aus einer Mücke einen Elefanten machen", usw. Das alles sind Einwände, die wir aus alltäglichen Interaktionen kennen und die dort ihr gutes Recht haben. Sie weisen nämlich darauf hin, dass im Rahmen alltagspraktischer Interaktion das Wörtlich-Nehmen jedenfalls dann problematisch ist, wenn dies zu einer Infragestellung der Aufrichtigkeit eines Sprechers führt. Nehmen wir das Beispiel des Festredners, der auffordert, auf das Wohl des Chefs *aufzustoßen.* Dieses Misslingen der Würdigung des Chefs kann in der Lebenspraxis nicht als Begründung einer Sanktion fungieren. Jedenfalls wären wir sofort dazu bereit, denjenigen Chef, der diesen Versprecher als Kündigungsgrund angibt, für verrückt zu erklären und würden jedem Kandidaten dringend abraten, bei diesem Chef eine Anstellung einzugehen[8]. Warum? Offenkundig deshalb, weil darin die *lebenspraktische* Anerkennung der Bereitschaft und des Willens, eine Würdigung auszusprechen, getilgt sein würde.

> → Das Prinzip der wörtlichen Interpretation verlangt von dem Interpreten, die lebenspraktischen-alltagsweltlichen Haltungen und Maximen der wechselseitigen Anerkennung nicht auf den Gegenstand der Interpretation anzuwenden.

---

8 Man sieht an diesem Beispiel übrigens, dass die *latente Sinnstruktur* einer Äußerung durchaus für die lebenspraktischen Interpretationen von großer Bedeutung ist. Solche Versprecher können den Chef und den Untergebenen dazu veranlassen, die Zusammenarbeit zu beenden. Die Begründungen wären dann aber andere.

Die wörtliche Interpretation verlangt eine „Schamlosigkeit"[9] im Sinne einer Distanz zum Gegenstand. Besonders deutlich markiert das Wörtlichkeitsprinzip die kategoriale Differenz von praktischer und wissenschaftlicher Einstellung. Die Technik der wörtlichen Interpretation stellt ein Mittel dazu bereit, gegen die Tendenzen einer lebenspraktischen Perspektive den distanzierten Blick aufrecht zu erhalten.

3. Sequenzialität

Das Prinzip der Sequenzialität ist für die Objektive Hermeneutik von zentraler Bedeutung. Hier spannt sich ein weiter Bogen von konstitutionstheoretischen Überlegungen über methodologische Implikationen bis zu methodischen Grundoperationen der Textinterpretation. Konstitutionstheoretisch verweist das Prinzip der Sequenzialität auf die von Mead und Peirce entfaltete Theorie der Entstehung des Neuen als einer Theorie der Zukunftsoffenheit der Lebenspraxis. Die methodologische Bedeutung zeigt sich schon daran, dass Oevermann neben dem Terminus „Rekonstruktionsmethodologie" die Bezeichnung „Sequenzanalyse" häufig zur Charakterisierung der Objektiven Hermeneutik gebraucht. Die Sequenzialitätsproblematik steht im Zentrum des Verfahrens und fehlt in keiner der einschlägigen methodologischen Abhandlungen Oevermanns[10].

Für die Praxis der Interpretation führt dieser Begründungszusammenhang zu einer sehr einfachen Grundregel: die Interpretation folgt streng dem Ablauf, den ein Text protokolliert. Eine entsequenzialisierte Textmontage ist unzulässig.

Die interpretatorische Grundhaltung ist wiederum die, den Text als Text ernst zu nehmen, ihn also nicht als Steinbruch der Information oder als Jahrmarkt der Bedeutungsangebote auszuwerten, den Text also nicht „auszuschlachten". Wenn der Text nämlich als Protokoll sozialer Realität angesehen wird, und wenn es um die Rekonstruktion dieser Realität gehen soll, dann gilt es, dem Text in der Interpretation gerecht zu werden. Das Bild vom Ausschlachten verdeutlicht dies. Hier geht es nicht mehr darum, dem Gegenstand gerecht zu werden, sondern darum, den verbliebenen Rest, soweit möglich, zu verwerten. Zurück bleibt ein Gebilde, das noch trauriger ist, als zuvor. Textzerstörung statt Textrekonstruktion.

Wie wird man dem Text in seiner Sequenziiertheit interpretatorisch gerecht?

---

9   Im Sinne der Adornoschen Charakterisierung der Kunst, sie sei „asketisch und schamlos" im Gegensatz zur Kulturindustrie, die er als „pornographisch und prüde" bezeichnet. Vgl. Horkheimer/Adorno 1969, 126.
10 Zur Sequenzanalyse: Maiwald 2005.

> Man wandert nicht im Text auf der Suche nach brauchbaren Stellen, sondern folgt dem Textprotokoll Schritt für Schritt.

Das Vorgehen lässt sich am besten an Interaktionsprotokollen plausibilisieren. Ich nehmen wieder das Beispiel der Familieninteraktion:

K: Mutti, wann krieg ich denn endlich mal was zu essen. Ich hab so Hunger.
M: Bitte. Möchst dein Brot selbst machen oder soll ich dir's schmieren? (vgl. Oevermann 1981, 9).

Das Prinzip der Sequenzanalyse verpflichtet dazu, erst die Frage des Kindes, und dann die Antwort der Mutter zu interpretieren. Die Trivialität dieses bloß zeitlichen Nacheinander muss aber um eine entscheidende Komponente erweitert werden: Bei der Interpretation der Frage des Kindes darf die darauf folgende Antwort der Mutter keine Rolle spielen. Und umgekehrt: die Interpretation der Antwort der Mutter macht nur dann Sinn, wenn die Bedeutung der vorausgegangenen Frage geklärt ist. Eine die Logik der Sequenzanalyse in typischer Weise *missachtende* Interpretation könnte zu folgendem Ergebnis kommen: „*Wann krieg ich endlich mal was zu essen*" bedeutet nichts anderes als: „*soll ich mir mein Brot selbst schmieren oder machst du's?*" Die Antwort der Mutter würde also zur Erklärung der Frage des Kindes herangezogen werden.

Erst die Beachtung der der sequenziellen Positioniertheit der Sprechakte führt dazu, die Strukturlogik der Interaktion zu rekonstruieren. Die Frage des Kindes deutet Oevermann folgendermaßen: „Behandele mich doch wie ein kleineres Kind" (Oevermann 1981, 17)[11]. Erst wenn man diese Bedeutungsstruktur rekonstruiert hat, versteht man die Antwort der Mutter: *Bitte. Möchst dein Brot selbst machen oder soll ich dir's schmieren* bedeutet dann nichts anderes, als die Bitte des Sohns für nicht existent zu erklären. Ihre Rückfrage stellt das Kind nämlich vor 2 alternative Optionen, zwischen denen es frei wählen kann. In seiner vorangegangenen Frage *hat es aber schon gewählt*. Genau diese Wahl unterläuft die Antwort der Mutter. Die Dynamik der Interaktion wird erst durch die sequenzanalytische Betrachtung sichtbar.

> Für die Sequenzanalyse ist es ausgesprochen wichtig, den Text, der einer zu interpretierenden Sequenzstelle folgt, *nicht zu beachten.*

Diese Nichtbeachtung kann man in der Interpretationspraxis einfach dadurch erzielen, dass man den folgenden Text zudeckt bzw. in methodischen Lehrveranstaltungen diesen Text nicht zur Kenntnis gibt. Ich selbst habe die Erfahrung gemacht, dass diese äußeren Vorkehrungen ausgesprochen nützlich

---

11 Ich verkürze das Interpretationsergebnis hier erheblich. Oevermann interpretiert diese Frage weitergehend als Ausdruck einer Identitätsunsicherheit.

und hilfreich sind. Sie erleichtern die Einhaltung des Sequenzprinzips. Gerade in einer Interpretationssituation, in der die vorliegende Textstelle als besonders schwierig und widerständig erscheint, unterliegt man leicht der Versuchung, zu schauen, wie der Text weitergeht. Dann wird sich schon, so die Hoffnung, die harte Nuss von selbst knacken. Damit verlässt man aber die methodisch kontrollierte Interpretation. Die eigene Interpretationsschwierigkeit delegiert man an die Interpretationsvorschläge, die der Text selbst ausspricht. Statt die Strukturlogik des Falls zu rekonstruieren, setzt man die Selbsteinschätzung des Falls als Interpretationsergebnis.

Man kann daraus folgende forschungspraktische Regel ableiten:

> → Je stärker die inneren Tendenzen sind, die Bedeutungsrekonstruktion einer Textsequenz in dem weiteren Textverlauf zu suchen, um so wichtiger ist es, streng an dem Prinzip der Sequenzanalyse festzuhalten.

Die Nützlichkeit der äußerlichen Hilfsmittel darf aber nicht darüber hinwegtäuschen, dass sie methodische Kontrolle nicht gewährleisten oder herstellen, sondern dass sie das Bemühen um methodische Kontrolle lediglich unterstützen. Die Einhaltung des Prinzips der Sequenzanalyse ist natürlich auch dann möglich, wenn wir den folgenden Text kennen. Die Kunst besteht darin, diese Textkenntnis auszublenden und das heißt, sie nicht als Erläuterung der Bedeutung der gerade vorliegenden Sequenz in Anschlag zu bringen. Und natürlich lässt es sich gar nicht vermeiden, solche Lesarten zu bilden, die aus einer weiteren Textkenntnis (oder auch aus dem Kontextwissen) motiviert sind. Die methodische Kontrolle der Interpretation besteht nicht darin, diese „Motivierung", also die Herkunft der Lesart aus dem Textwissen heraus auszuschließen. Methodische Kontrolle bedeutet vielmehr: diese Herkunft ist kein Beleg der *Geltung* der Interpretation.

> → Die Prinzipen der Kontextfreiheit und der Sequenzialität verbieten nicht Text- und Kontext*wissen*. Die beiden Prinzipien verbieten, dass Text- und Kontextwissen *zur Begründung von Lesarten* herangezogen werden.

Das Prinzip der Sequenzanalyse eröffnet für die objektiv-hermeneutische Interpretation eine weitere wichtige Technik. Die Rekonstruktion der Bedeutung einer Textsequenz stellt die folgende Sequenz in einen *inneren Kontext*. Der folgende Text ist in die vorangegangene Textbedeutung eingebettet. Nachdem eine Textstelle interpretiert ist, kann man also weitergehen, um die sequenzielle Entfaltung der Bedeutungsstruktur zu rekonstruieren. Man kann aber auch innehalten und explizit die Frage stellen: welche Fortsetzungen sind gedankenexperimentell formulierbar? Dieser Zwischenschritt, den die Sequenzanalyse ermöglicht, ist forschungspraktisch von großer Bedeutung. Die gedankenexperimentelle Fortschreibung macht deutlich, dass der je konkrete Fall eine „Entscheidung" vornehmen muss, das zu sein, was er ist und sie macht die Besonderheit dieser Entscheidung kenntlich. Die Benennung unterschiedlicher Optionen verweist nämlich deshalb auf die Besonderheit des Falles, weil dieser dann als soziales Gebilde erscheint, das eine spezifische Wahl unter den gedankenexperimentell formulierten Möglichkeiten getroffen hat. So wird der Text zum Protokoll eines *Bildungsprozesses*.

> ➔ Die sequenzanalytische Technik der gedankenexperimentellen Fortschreibung zielt in besonderer Weise auf die Rekonstruktion des „So-und-nicht-anders-Gewordenseins"[12] einer Lebenspraxis.

Führen wir uns die Bedeutung dieser Operation wieder an dem Familien-Beispiel vor Augen. Wenn wir die Frage des Kindes: *Mutti, wann krieg ich denn endlich mal was zu essen. Ich hab so Hunger*, interpretiert haben, können wir, bevor wir weiter in das Textprotokoll schauen, mögliche Reaktionen der Mutter *auf der Folie der bisherigen Interpretation* angeben. Gehen wir – wie bisher und sehr vereinfachend – davon aus, dass die Frage des Kindes die Bitte darstellt, wie ein kleines Kind behandelt werden zu wollen. Wie kann also eine solche Bitte von der Mutter behandelt werden? 3 typische Möglichkeiten sind hier denkbar:

1. Der Bitte wird ohne weiteres entsprochen.
2. Die Bitte wird zurückgewiesen.
3. Der Bitte wird unter der Einschränkung der Ausnahme entsprochen.

Dem würden dann folgende Äußerungen der Mutter entsprechen:

1. *Was willst Du denn haben? Wurst- oder Käsebrot?*
2. *Na, greif doch zu!*
3. *Na, dann will ich Dir mal ausnahmsweise ein Brot schmieren. Was willst Du denn haben?*

Alle drei Varianten stellen verschiedene Modelle einer Mutter-Kind-Interaktion vor. Zu einer vollständigen Interpretation gehört natürlich die weitere Explikation der je eigenen Logik dieser Modelle[13]. Uns soll die bloße Benennung der Möglichkeiten genügen. Sie unterstreicht den Kontrastivitätseffekt. Man sieht nun nämlich viel deutlicher, dass die tatsächliche Antwort der Mutter, anders als die gedankenexperimentell konstruierten Optionen, auf die Frage des Kindes nicht eingeht, diese Frage also schlichtweg unterläuft.

Die Ausführungen zum Prinzip der Sequenzanalyse könnten die Vorstellung wecken, jedes vorliegende Datenmaterial müsse vollständig in einem

---

12 Ein Formulierung Max Webers (1904, 171).
13 Oevermann selbst handelt diese Modelle in dem zitierten Text sehr kurz ab. Vgl. Oevermann 1981, 17f.

umfangslogischen Sinne interpretiert werden, also vom ersten bis zum letzten Wort. Denn jedes Überspringen von Textteilen, jede Auswahl von Textstücken stellt ja offensichtlich eine Verletzung der textlich protokollierten Sequenzialität dar. Die interpretationspraktische Antwort auf diese Frage ist einfach: Die Auswahl und Begrenzung von Textteilen ist nicht nur erlaubt, sondern unvermeidlich. Erst nachdem diese Auswahl getroffen ist, erst nachdem ein Textanfang definiert ist, gelten die Vorschriften der Sequenzanalyse; dann aber unbedingt.

„Man wandert nicht im Text auf der Suche nach brauchbaren Stellen, sondern folgt dem Textprotokoll Schritt für Schritt", habe ich oben gesagt. Diese Regel muss konkretisiert und eingeschränkt werden:

> ➔ Das „Wandern im Text" und die „Suche nach brauchbaren Stellen" ist dann völlig unproblematisch – und nicht nur unproblematisch, sondern geboten! – wenn dies im Anschluss an *vollständig durchgeführte* Sequenzanalysen geschieht und wenn die neu ausgewählte Textstelle *ihrerseits nach den Regeln der Sequenzanalyse interpretiert wird*.

Das wirft natürlich die Frage nach Anfang und Ende auf. Dazu nur soviel: Anfang- und Endkriterium der Interpretation müssen unterschiedlich behandelt werden. Wenn wir eine Textstelle auswählen, wählen wir einen Anfang, *aber kein Ende*. Das Abbruchkriterium einer Interpretation ist ein interpretationsimmanentes. Wenn wir im Laufe der Interpretation einer Textstelle mindestens einer Phase der Reproduktion einer rekonstruierten Struktur gefolgt sind, können wir die Interpretation abbrechen. Diese Regel muss dem Leser natürlich abstrakt bleiben. Ich versuche sie unten im Rahmen der extensiven Feinanalyse zu plausibilisieren und ihre Verbindlichkeit zu zeigen. Die Wahl des Anfangs dagegen ist nicht mit derjenigen forschungslogischen Verbindlichkeit vorzunehmen, wie der Abbruch einer Interpretation. Hier sind allgemeine forschungslogische und forschungspraktische Erwägungen handlungsleitend, die nicht spezifisch sind für das Verfahren der Objektiven Hermeneutik. Dazu gehören Fragen des Forschungsinteresses, forschungsstrategische und forschungsökonomische Überlegungen.

Charakteristisch für die Objektive Hermeneutik (und auch für andere interpretative Verfahren) ist die Forschungsstrategie, die Datengrundlage nicht im vorhinein verbindlich festzulegen. Für das Problem der Textstellenauswahl heißt das: je weiter ich fallrekonstruktiv fortgeschritten bin, um so gezielter kann ich Sequenzpositionen aufsuchen.

Nochmals zum Familien-Beispiel: wenn ich die vorgestellte Textpassage vollständig interpretiert habe im Sinne der Rekonstruktion einer fallspezifischen Logik familialer Interaktion, kann ich einerseits im Datenmaterial zu dieser Familie nach Textstellen suchen, die die Fallstrukturhypothesen zu erweitern, modifizieren oder zu widerlegen scheinen. Und ich kann andererseits die angedeutete Typologie möglicher, aber hier nicht realisierter Reaktionen

31

der Mutter zum Anlass nehmen, kontrastierende Fälle familialer Interaktion zu suchen. Das aber sind Fragen, die weit in die Problematik der Konzeption eines Forschungsvorhabens hineinragen.

4. Extensivität

Das wohl auffälligste Charakteristikum der objektiv-hermeneutischen Textinterpretation besteht darin, dass die Analysen geringe Textmengen bearbeiten, dass sie sich diesen wenigen Texten aber sehr detailliert und geradezu akribisch widmen. Dieses Vorgehen provoziert zwei regelmäßig wiederkehrende Einwände: (1) Nie werde das Datenmaterial vollständig gewürdigt, sondern bloß punktuell betrachtet. Im ungünstigsten Fall führt dieser Einwand zu dem Urteil, dass die Methode der Objektiven Hermeneutik von vornherein dem Datenmaterial nicht gerecht werden könne. (2) Die akribische und detaillierte Interpretation führe zu einer artifiziellen Überprägnanz, indem sie an Nebensächlichem sich in einem völlig unangebrachten Explikationsaufwand verausgabe.

Dem Prinzip der extensiven Feinanalyse liegt methodologisch die Annahme zu Grunde, dass sich in den protokollierten Ausschnitten sozialer Realität ein Allgemeines rekonstruieren lasse. Der Begriff der *Totalität*[14] verweist darauf, dass es keinen Sinn macht, von gesellschaftlich *unvermittelten*, zusammenhanglosen Einzelheiten auszugehen. Jedes konkrete Phänomen ist in einen allgemeinen Zusammenhang eingebettet. Die Dialektik von Allgemeinem und Besonderem stellt in Rechnung, dass das Besondere erst auf der Folie des Allgemeinen sich bildet. In der Terminologie der Objektiven Hermeneutik lässt sich diese Annahme folgendermaßen ausdrücken: Die Sinnstrukturiertheit sozialer Gebilde ist nicht hintergehbar. Es gibt keine Äußerungsform eines sozialen Gebildes, das die Sinnstrukturiertheit verlassen könnte.

Wenn dem so ist, dann ist es auch möglich, prinzipiell an jeder Stelle eines Protokolls der sozialen Realität deren Struktur zu rekonstruieren. Man sieht sofort, dass der Einwand, die Interpretation nur geringer Datenmengen könne das Ganze nicht in den Blick nehmen, einem anderen Begriff des „Ganzen" geschuldet ist. Wenn das Ganze als die Vielfältigkeit der Erscheinungsformen begriffen wird und das Ziel der Forschung darin besteht, diese Vielfalt irgendwie abzubilden, dann ist der Einwand gegen die Objektive Hermeneutik berechtigt. Diese aber folgt einem *strukturanalytischen* Ganzheitsbegriff, dem es nicht darum geht, den vielfältigen Erscheinungsformen *deskriptiv* Rechnung zu tragen.

---

14 Zum dialektischen Begriff der Totalität: Adorno 1981, 16ff.

> → Die Rekonstruktion der Strukturlogik beansprucht, das Ganze des Gebildes im Sinne der dieses Gebilde hervorbringenden Strukturprinzipien zu rekonstruieren. Diese strukturrekonstruktive Operation lässt sich an geringen Datenmengen *vollständig* durchführen. Die Triftigkeit und Aussagekraft der *extensiven Feinanalyse* bemisst sich an der *Qualität* der Interpretation, nicht an der *Quantität* des einbezogenen Datenmaterials.

Forschungspraktisch fordert das Prinzip der Extensivität eine Feinanalyse des Textprotokolls, die kein Element des Protokolls unberücksichtigt lässt. Es verbietet also die willkürliche Auswahl und Auslassung von Textelementen. Wie schon den bisher erläuterten Prinzipien geht es dem Extensivitätsprinzip darum, den Text als Datum einer methodisch kontrollierten Erschließung ernst zu nehmen. Diesbezüglich sind das Wörtlichkeitsprinzip, das Prinzip der Kontextfreiheit und das Extensivitätsprinzip eng miteinander verwoben. Zusammen fomulieren sie die Vorschrift, den Text so zu nehmen, wie er ist: alles, was da steht und genau so, wie es da steht.

Das Extensivitätsprinzip formuliert aber nicht nur ein Vollständigkeitsgebot, prinzipiell jedes Textelement zu berücksichtigen, also „alles" zu interpretieren, sondern auch, *ausführlich* zu interpretieren.

> → Extensivität impliziert nicht nur Vollständigkeit hinsichtlich der Textelemente, sondern auch Vollständigkeit hinsichtlich der Lesarten des Textes bzw. seiner Elemente. Die Interpretation beansprucht, sinnlogisch erschöpfend zu sein. Und das heißt wiederum, dass die gedankenexperimentellen Kontexte typologisch vollständig ausgeleuchtet werden müssen.

Beispiel: Ein Schüler fragt den Lehrer: *Wann geben Sie uns die Klassenarbeiten wieder?* (vgl. Wernet 2000).
  Wenn wir uns fragen, in welcher Situation diese Frage geäußert werden kann, so werden wir als erstes an denjenigen Kontext denken, in dem eine Klassenarbeit gerade abgegeben wird. Wenn wir diesen Kontext gefunden haben – das ist schnell geschehen –, dann müssen wir weiter suchen. Gibt es noch andere Kontexte, in denen diese Frage geäußert werden kann? Dann erst sehen wir, dass es auch möglich wäre, die Frage zu stellen, wenn eine Säumigkeit vorliegt, d.h. wenn die Rückgabe schon längst überfällig ist. Diese Option ist deshalb sehr wichtig, weil sie der Frage eine völlig andere Bedeutung verleiht. Im ersten Fall handelt es sich um eine reine Informationsfrage. Im zweiten Fall wird durch die Frage implizit eine Beschwerde ausgesprochen: *Jetzt ist es schon 3 Wochen her, dass wir die Arbeit geschrieben haben. Wann geben Sie sie endlich zurück?* Die Bedeutungsdifferenz dieser beiden Varianten tritt deutlich vor Augen, wenn wir die erwartbaren Antworten betrachten: Handelt es sich um die Informationsfrage, so erwarten wir eine Antwort, die in der Angabe der Zeit der Rückgabe der Klassenarbeit besteht. Stellt die Frage aber eine Beschwerde dar, dann muss die Antwort auf diese

Beschwerde eingehen. Und wenn wir weiterhin davon ausgehen, dass die (implizite) Beschwerde berechtigt ist (der Lehrer ist säumig), dann müssen wir erwarten, dass die Antwort eine Entschuldigung enthält.

Wenn wir diese Möglichkeiten gefunden haben, ergibt sich dann ein dritter Typus dieser Frage in Abhängigkeit vom Fragezeitpunkt: derjenige Fall nämlich, in dem die Frage nicht direkt bei der Abgabe gestellt wird, sondern erst nach einiger Zeit, *ohne* dass aber eine Säumigkeit vorliegt. Die Frage wird z.B. drei Tage nach dem Klausurtermin gestellt. In diesem Fall wirft die Frage selbst eine Fraglichkeit auf: warum fragt der Schüler? Will er sich ungerechtfertigterweise beschweren? Ist etwas eingetreten, das den Rückgabezeitpunkt für den Schüler besonders bedeutsam macht? Hier müsste die Antwort die Fraglichkeit thematisieren.

> ➔ Erst wenn die möglichen Lesarten typologisch erschöpfend benannt sind, ist dem Prinzip der Extensivität der Analyse Genüge getan.

Das Dauerproblem, das das Extensivitätsprinzip aufwirft, besteht in der Frage, wann die Lesarten erschöpft sind. Die Frage lässt sich technisch nicht beantworten, sondern nur material. Es lässt sich aber sagen: je geduldiger die Suche nach Lesarten war, um so größer ist die Wahrscheinlichkeit, dass keine neuen Lesarten hinzutreten. In der praktischen Interpretationssituation erfordert die extensive Analyse also eine Haltung, die eher dazu bereit ist, noch einmal nach neuen Lesarten zu suchen, als der Ungeduld nachzugeben, endlich weiter zu kommen.

Die Notwendigkeit und Fruchtbarkeit dieser Haltung ist – mehr als es die methodologische Berufung auf die Totalität der Textgestalt argumentativ einzuholen vermag – auf die Forschungs- und Interpretationserfahrung angewiesen. Das Erfahrungsurteil ist folgendes:

> ➔ Eine Textsequenz nicht auszuinterpretieren führt regelmäßig dazu, dass die sequenzanalytische Feinanalyse misslingt.

Man steht dann leicht vor einem interpretatorischen Flickwerk, das sich nur durch einen Neuanfang nachhaltig korrigieren lässt: Man muss dorthin zurück, wo die Ungeduld das Weitergehen diktiert hatte. Regelmäßig „bezahlt" man die Ungeduld mit Zeit und Energie.

Umgekehrt erweist sich das geduldige Ausbuchstabieren von Lesarten im Fortgang der interpretatorischen Fallerschließung regelmäßig als fruchtbar. Es darf hier natürlich nicht der Fall verschwiegen werden, dass sich im Laufe der Interpretation das lange Aufhalten an einer Textstelle als redundant erweisen kann. Diese Redundanz, darin besteht das grundsätzliche Problem, kann sich aber erst in der sequenzanalytischen Entfaltung einer extensiven Fallinterpretation erweisen. Es gibt keinen Weg, diese Redundanz vorsorglich zu vermeiden. Allerdings wird das Phänomen der interpretatorischen Redundanz von demjenigen, der mit dem Verfahren der Objektiven Hermeneutik nicht vertraut ist, leicht überschätzt. Er neigt dazu, diesen Fall als Normalfall anzusehen. Tatsächlich aber stellt eine redundante Interpretation forschungspraktisch eine seltene Ausnahme dar.

5. Sparsamkeit

Das Prinzip der Sparsamkeit der Interpretation leitet sich aus den bisher erläuterten Prinzipien ab. Es schreibt vor, dass nur solche Lesarten gebildet werden dürfen, die ohne weitere Zusatzannahmen über den Fall von dem zu interpretierenden Text erzwungen sind. Der erste Schritt einer Bedeutungsexplikation besteht darin, Geschichten zu erzählen, in denen der zu analysierende Text auftauchen könnte (vgl. Kap. III). Dabei ist es das Gebot des Prinzips der Sparsamkeit, diejenigen Geschichten auszuschließen, die darauf angewiesen sind, fallspezifische Außergewöhnlichkeiten zu unterstellen. Zwingend sind nur diejenigen Geschichten und Lesarten, die „ohne weiteres" mit dem Text kompatibel sind.

Der Terminus „Sparsamkeit" deutet an, dass es hier zunächst darum geht, der extensiven Feinanalyse umfangslogisch Grenzen zu setzen und Extensivität nicht mit einer ziel- und endlosen Bedeutungssuche zu verwechseln. Das Prinzip hat also durchaus die forschungsökonomische Dimension, die seine Bezeichnung nahe legt. Seine eigentliche Bedeutung ist aber keine forschungsökonomische, sondern eine forschungs*logische*. Es trägt dazu bei, den Interpreten auf den Text zu verpflichten.

Ich bleibe beim letzten Beispiel: Ein Schüler fragt den Lehrer: *Wann geben Sie uns die Klassenarbeiten wieder?*

Folgende Geschichte schließt das Sparsamkeitsgebot aus:

Ein Schüler hat ein gespanntes Verhältnis zu dem Lehrer und will ihn einerseits ärgern, indem er eine unsinnige Frage stellt, und andererseits ihn vom Unterricht ablenken.

Der forschungsökonomische Aspekt liegt auf der Hand. In diesem Stil ließen sich unendlich viele Geschichten erzählen, in denen die Schülerfrage vorkommen könnte. Diese Geschichten tragen aber, genauso wie die Beispielgeschichte, nichts zur Bedeutungsrekonstruktion des Textes bei. Sie nehmen diesen lediglich als unverbindlichen Indikator einer unterstellten *außertextlichen Wirklichkeit*. Die Beliebigkeit der Geschichte wird offenkundig, wenn wir bedenken, dass schlichtweg keine Schüleräußerung vorstellbar ist, die *nicht* mit der Geschichte belegt werden könnte. Gerade *weil* die Geschichte textunspezifisch ist, kann sie zu *jedem* Text erzählt werden und ist deshalb für eine Textanalyse unbrauchbar.

Das Sparsamkeitsprinzip bringt den Aspekt der Regelgeleitetheit und Wohlgeformtheit in besonderem Maße interpretationstechnisch zur Geltung.

Denn es erlaubt nur diejenigen Bedeutungsexplikationen, die den Text als regelgeleitetes und wohlgeformtes Gebilde ansehen und verbietet diejenigen Lesarten, die den Text, *ohne dass dieser selbst darauf verweist*, als fallspezifisch motivierte Regelabweichung interpretieren. Die durch das Sparsamkeitsprinzip ausgeschlossene Beispielgeschichte muss ja unterstellen, dass die Schülerfrage nach der Rückgabe der Klassenarbeiten insofern inadäquat ist, als keine Fraglichkeit vorliegt. Willkürlich wird die Frage zur *unsinnigen* erklärt. Darin eben besteht die Unterstellung einer Abweichung. Denn jede Frage impliziert zwingend das Vorliegen einer Fraglichkeit. Im vorliegenden Fall will die „sparsame" Textinterpretation genau diesen Umstand der Fraglichkeit klären, statt das Nichtvorliegen einer Fraglichkeit unbegründet und unbegründbar zu behaupten.

Interessant bei diesen Überlegungen ist, dass die Verletzung des Sparsamkeitsprinzips bei ihrer außertextlichen Unterstellung immer schon ein vorgängiges Textverständnis in Anspruch nehmen muss. Die Beispielgeschichte funktioniert ja nur, weil unausgesprochen unterstellt wird, dass die Frage *eigentlich* eine Fraglichkeit voraussetzt, die im konkreten Fall aber nicht vorliegt (*unsinnige Frage*). Das Problem besteht also nicht nur in der textlich nicht angezeigten, fallspezifisch signifikanten Mutmaßung, sondern auch darin, dass das vorgängig in Anspruch genommene Textverständnis unexpliziert bleibt. M.a.W.: Die Verletzung des Sparsamkeitsprinzips unterläuft genau jene Operation, die für die Objektive Hermeneutik von zentraler Bedeutung ist: die Explikation einer Textbedeutung entlang geltender Regeln.

Wenn diese Bedeutungsexplikation konsequent verfolgt wird, dann kann eine motivierte Abweichung vom Prinzip der Sparsamkeit durchaus hilfreich sein. Eine solche Abweichung habe ich oben selbst formuliert. Für die Schülerfrage habe ich nämlich drei mögliche Äußerungskontexte behauptet: (1) Abgabe der Klassenarbeit, (2) Säumigkeit der Rückgabe und (3) einige Zeit nach der Abgabe, ohne dass schon eine Säumigkeit der Rückgabe vorliegt.

Bei genauer Betrachtung verstößt die dritte Möglichkeit gegen das Prinzip der Sparsamkeit (vgl. Kap. III.3). Für diesen Fall ist nämlich kennzeichnend, dass eine Fraglichkeit, die textlich zwingend präsupponiert ist, *nicht* vorliegt. So könnte ein Lehrer antworten: *Wieso fragst Du? Die Arbeit wurde doch erst vorgestern geschrieben!* Wir müssen für diesen dritten Fall vom Text nicht angezeigte Umstände unterstellen, die die Frage des Schülers motiviert haben mögen.

Worin besteht dann die Berechtigung, diesen Fall dennoch in der Interpretation zu berücksichtigen? Die Verletzung des Sparsamkeitsprinzips liegt nur formal vor. Tatsächlich ist Fall drei nur formulierbar unter der Annahme einer sprachlichen Regelabweichung. Er setzt voraus, dass eine Frage gestellt wird, *ohne* dass die prätendierte Fraglichkeit gegeben ist. Genau dieser Sachverhalt aber wird durch die Explikation der dritten Lesartenvariante geklärt. Ein Verstoß gegen das Sparsamkeitsprinzip läge nur dann vor, wenn die dritte Variante als *wohlgeformte Möglichkeit* formuliert würde. Das Sparsamkeitsprinzip verbietet es, die dritte Variante als textkompatible Lesart zu fomulieren. Die Formulierung dieser Variante im Sinne einer spezifischen *Inkompatibilität* und ihre Explikation stellt dagegen keinen Verstoß gegen das Sparsamkeitsprinzip dar.

> → Vor allem soll die Einhaltung des Prinzips der Sparsamkeit verhindern, dem Fall voreilig und textlich unbegründet „Unvernünftigkeit", „Regelverletzung" oder „Pathologie" zu unterstellen.

Nicht etwa, weil solche Unterstellungen ethisch unstatthaft wären (das Prinzip der wörtlichen Interpretation zwingt ja geradezu zu solchen „Unterstellungen"), sondern weil und insofern der Text sie nicht erzwingt. Das Sparsamkeitsprinzip will also nicht nur die Lesartenoptionen auf die Regelgeleitetheit verpflichten, sondern will auch und vor allem die *Fallstrukturhypothesen*, also die Schlussfolgerungen über die besondere Beschaffenheit des Falles, die von einem Text protokolliert wird, an dieses Textprotokoll binden. Fallmutmaßungen, die sich vom Text in assoziativer Beliebigkeit fortbewegen, gilt es zu unterbinden. Auch hier kommt wieder das Ziel einer methodisch kontrollierten und insofern *objektiven* Interpretation zum Ausdruck.

> → Das Sparsamkeitsprinzip verlangt nicht mehr und nicht weniger, als nur diejenigen Lesarten zuzulassen, die textlich überprüfbar sind. Es behauptet nicht einmal, dass die unüberprüfbaren Lesarten falsch sind. Es behauptet nur, dass sie für einen Akt der überprüfbaren interpretatorischen Erschließung wertlos und hinderlich sind.

Es ist natürlich nicht auszuschließen, dass der Schüler, der fragt: *wann geben Sie uns die Klassenarbeiten wieder?*, ein notorischer Querulant ist, der nichts weiter will als stören und sich wichtig tun. Eine solche Fallunterstellung ist aber nicht am Text gewonnen und stellt deshalb keine textmethodische Operation dar.

Aus forschungspsychologischer Perspektive stehen sich die Prinzipen der Wörtlichkeit, Kontextfreiheit und Extensivität einerseits und der Sparsamkeit andererseits eigentümlich entgegen. Insbesondere das Wörtlichkeitsprinzip ist dort von besonderer Bedeutung, wo der Interpret dazu neigt, „Fünfe-geradesein-zu-lassen" und fordert ihn dazu auf, die tatsächliche Gestalt des Textes reichhaltig auszudeuten. Es ermutigt zu weitreichenden Schlussfolgerungen. Das Sparsamkeitsprinzip dagegen wendet sich gegen die Tendenz, weitreichende Schlussfolgerungen unbegründet und voreilig zu ziehen. Die alltagsweltlichen Gewissheiten neigen dazu, sich dem Datenmaterial überzustülpen. Das Sparsamkeitsprinzip arbeitet dieser Tendenz entgegen.

Daraus ergibt sich ein für die Objektive Hermeneutik charakteristischer Interpretationsduktus:

→ Die objektiv-hermeneutische Textinterpretation erfordert einerseits die Bereitschaft, riskante und folgenreiche Hypothesen aus einer akribischen Textanalyse zu gewinnen, und verlangt andererseits weitestgehende Zurückhaltung bezüglich textlich nicht zwingend indizierter Mutmaßungen.

III. Geschichten – Lesarten – Fallstruktur

Nachdem ich den methodologischen Standpunkt der Objektiven Hermeneutik stichwortartig umrissen habe und nachdem die Prinzipien, denen die objektiv-hermeneutische Textinterpretation folgt, dargelegt wurden, will ich nun die Kernprozedur der Bedeutungsexplikation vorstellen. Sie gibt Antwort auf die Frage: was muss ich tun, um eine methodisch überprüfbare Operation der Bedeutungsrekonstruktion entlang geltender Regeln vorzunehmen?

Die Antwort ist sehr einfach: ich muss *(1) Geschichten erzählen, (2) Lesarten bilden, (3) und schließlich diese Lesarten mit dem tatsächlichen Kontext konfrontieren.*[15] Dieser Dreischritt ist von grundlegender Bedeutung für die Interpretationstechnik der Objektiven Hermeneutik. Ich werde ihn kurz erläutern, um dann an Interpretationsbeispielen seine Verfahrensweise zu verdeutlichen.

1. Zu einem vorliegenden Text bzw. Textausschnitt, dessen Bedeutung wir klären wollen, erzählen wir zunächst Geschichten. Das sind Geschichten, in denen der Text vorkommen könnte. Diese Geschichten unterliegen grundsätzlich nur zwei Einschränkungen:

   (i) Sie sollen nicht im Rahmen des tatsächlichen Äußerungskontextes liegen, sondern diesen Kontext verlassen.

   (ii) Es sind nur solche Geschichten erlaubt, in denen der Text uns als angemessene sprachliche Äußerung erscheint.

   Im Akt des Geschichtenerzählens mobilisieren wir unser intuitives Regelwissen, lassen wir es arbeiten. Und in dem Streit um die Zulässigkeit von Geschichten problematisieren wir diese Operation.

2. Auf der Grundlage dieser erzählten Geschichten erfolgt die Lesartenbildung. Wir befragen hierbei die Geschichten auf Strukturgemeinsamkeiten hin. Die u. U. vielen Geschichten werden zu Typen gruppiert, indem Gemeinsamkeit und Differenz der Geschichten expliziert wird. Manchmal lässt sich keine Differenz feststellen und wir formulieren nur einen Typus. Häufig finden wir zwei oder drei Bedeutungstypen. Selten sind es mehr. Aus diesen Typen ergibt sich die *fallunspezifische* Textbedeutung.

---

15 Zu diesem Interpretationsschema vgl. Oevermann 1983, S. 236f.

3. Schließlich konfrontieren wir diese Rekonstruktion der fallunspezifischen und kontextfreien Textbedeutung, die Lesarten also, mit dem *tatsächlichen Äußerungskontext* und der darin eingelassenen *Aussageintention* des Textes. Diese Operation erschließt die Besonderheit der Fallstruktur. Auf diesem Weg gelangen wir zu *Fallstrukturhypothesen*.

Ich werde dieses Vorgehen an drei Interpretationsbeispielen demonstrieren. Diese Beispielinterpretationen stellen keine durchgeführten Fallrekonstruktionen dar. Sie stehen also nicht im Dienste einer Wirklichkeitserschließung, sondern im Dienste der Demonstration der Interpretationstechnik. Das Hauptaugenmerk wird deshalb auf den ersten beiden Interpretationsschritten liegen, während der dritte Schritt, die Ableitung von Fallstrukturhypothesen, nur angedeutet werden kann. Erst im nächsten Kapitel, das eine *Fallrekonstruktion* vorstellt, kann der letzte Schritt ausführlich demonstriert werden.

Beispiel 1: Möchst dein Brot selbst machen ...

Ich entnehme dieses Interpretationsbeispiel dem schon mehrfach zitierten Protokoll einer familialen Interaktion. Zur Erinnerung: Ein Kind fragt: *Mutti, wann krieg ich endlich mal was zu essen. Ich hab so Hunger.* Wir wollen die Antwort der Mutter interpretieren und lassen dabei zunächst die vorangegangene Frage des Kindes unberücksichtigt.

M: (Bitte.)[16] Möchst dein Brot selbst machen oder soll ich dir's schmieren?

Geschichten

(1) Eltern-Kind-Interaktion: Ein Kind, das schon dazu in der Lage ist, sein Brot selbst zu schmieren, dies aber noch nicht so recht beherrscht, wird zu Beginn des Essens von Vater oder Mutter gefragt: *Möchst dein Brot selbst machen oder soll ich dir's schmieren?*

(2) Gatteninteraktion: Die Frau muss früh zur Arbeit und gerät morgens in Zeitnot. Während sie noch damit beschäftigt ist, alle notwendigen Unterlagen und Utensilien zusammenzusuchen, hat der Mann das Frühstück zubereitet und fragt: *Möchst dein Brot selbst machen oder soll ich dir's schmieren?*

(3) Zwei Freunde sitzen während eines gemeinsamen Ski-Urlaubs am Frühstückstisch. Sie haben beschlossen, sich zum Skifahren Proviant mitzunehmen. Während A noch frühstückt, ist B schon fertig und hat sich ein Brot ge-

---

16 Um die Demonstration möglichst einfach zu halten, lasse ich das *Bitte* außer Acht. Im Rahmen einer durchgeführten Fallrekonstruktion verstieße dieses Vorgehen gegen das Prinzip der Vollständigkeit (vgl. Kap. II, 4).

schmiert. Nun fragt er A: *Möchst dein Brot selbst machen oder soll ich dir's schmieren?*

Lesarten

Allen Geschichten gemeinsam ist die Unterstellung, dass die Person, an die die Frage gerichtet ist, sich prinzipiell das Brot selbst schmiert bzw. schmieren kann. Gleichzeitig muss aber angenommen werden, dass besondere Umstände vorliegen, die die Möglichkeit, das Brot *nicht* selbst zu schmieren, überhaupt erst eröffnen.

Zur Verdeutlichung dieser letzten Unterstellung ein kontrastives Gedankenexperiment:

Kontrastierende Geschichte

(3.1) Die Freunde im Skiurlaub treffen sich morgens zum Frühstück. A fragt B: *Möchst dein Brot selbst machen oder soll ich dir's schmieren?*

> → Die kontrastierende Geschichte setzt den zu interpretierenden Text in einen unpassenden gedankenexperimentellen Kontext. Diese Verfremdungstechnik dient der Klärung der Textpräsuppositionen.

Das kontrastierende Gedankenexperiment führt eine eigentümliche Grenzüberschreitung vor Augen. Natürlich schmiert sich B sein Brot selbst. Erst wenn außergewöhnliche Bedingungen hinzukommen, erst wenn B also irgendwie verhindert ist, wäre die Frage gerechtfertigt. In der ersten Geschichte stellt es für das Kind noch eine besondere Anstrengung dar, das Brot zu schmieren. In der zweiten und dritten Geschichte sind es die praktischen Umstände der Situation, die es nahe legen, dass ein anderer das Brot schmiert.

Die Geschichten scheinen auch nicht zufällig in einem privat vertrauten Rahmen zu spielen. In distanzierten Beziehungen ist die Delegation des Brotschmierens kaum vorstellbar.

Völlig kompatibel mit der zu interpretierenden Frage scheint nur die 1. Geschichte zu sein. In der 2. Geschichte wäre wohl folgende Frage zu erwarten: „Soll ich Dir schon mal ein Brot schmieren?" Damit wäre zum Ausdruck gebracht, dass, solange die Frau noch anderes zu tun hat und gleichzeitig Zeitknappheit herrscht, der Mann bereit ist, ihr zu helfen. Unpassend ist hier also die Frage: *Möchst dein Brot selbst machen?* In der geschilderten Situation kann ja nicht die Frage sein, ob die Frau das Brot selbst machen *will* (*möchst*), sondern allenfalls, ob sie das Angebot ihres Mannes annehmen will und kann (besteht noch Zeit und Muße, das von ihm geschmierte Brot zu essen?).

In dem 3. Beispiel wäre folgende Frage zu erwarten: „Soll ich Dir ein Brot mitmachen?". Damit wäre zum Ausdruck gebracht, dass der Freund, wo er schon gerade dabei ist, gerne bereit wäre, für den anderen ein Brot zu schmieren.

In beiden Beispielen (2 und 3) wäre die Frage *möchst dein Brot selbst machen* allenfalls im Sinne einer Rückfrage: „Ist es Dir unangenehm, wenn ich das Brot schmiere" angebracht. Aber diese Rückfrage liegt nicht vor.

> ➔ Die Lesartendiskussion klärt u.a. die Frage der Kompatibilität der erzählten Geschichten mit dem zu interpretierenden Text. Im vorliegenden Fall erscheinen die Geschichten (2) und (3) als unpassend, d.h. als nicht unmittelbar explikativ für die Bedeutungsrekonstruktion des Textes.

Dagegen rechtfertigt sich die Frage in der ersten Geschichte durch die Unterstellung, dem Kind könnte es wichtig sein, das Brot selbst zu schmieren. Sei es der Stolz, es schon selbst zu können, sei es der Ehrgeiz, es richtig zu lernen usw. Das „selbst tun" ist hier nämlich als positiv gewertete Alternative eingeführt. Diesen Teil der Frage zu bejahen bedeutet, das Brotschmieren nicht als Alltagsverpflichtung selbstverständlich zu übernehmen. Die Verpflichtung besteht nur, wenn das Kind *will*. Der erste Teil der Frage bringt also eine Freistellung zum Ausdruck, wie sie typisch für erzieherische Kontexte angesehen werden kann. Die Freistellung wird durch den zweiten Teil der Frage: „*soll ich dir's schmieren*", unterstrichen: „Wenn Du nicht *willst*, dann tue ich es *für Dich*".

Zur Verdeutlichung wieder eine kontrastierende Geschichte.

Kontrastierende Geschichte

(3.2) Die frühstückenden Skifreunde erhalten irrtümlich nur *ein* Frühstücksei. A fragt B: „Möchtest Du das Ei oder *soll* ich es essen?"

Diese Äußerung kann man sich allenfalls als Witz unter Freunden angesichts der knappen Vorsorgungslage vorstellen. Setzen wir voraus, dass beide gern ein Frühstücksei essen, dann ist es nämlich ziemlich unverschämt, den privilegierten Genuss des einzigen Früstückseis als aufopfernde Handlung auszugeben.

Die interpretierte Frage bringt also eindeutig eine Entlastungslogik zum Ausdruck. Darin begründet sich das Passungsverhältnis zum ersten Geschichtenkontext (Eltern-Kind-Interaktion), ebenso wie die Dissonanzen zu den Geschichten 2 und 3.

Fallstrukturhypothese

Die Frage ist dem uns schon bekannten Interaktionsprotokoll entnommen. Ich erinnere kurz an die bisherige Interpretation. Der Frage der Mutter ging die Frage des Kindes voran: *Mutti, wann krieg ich endlich mal was zu essen. Ich hab so Hunger.* Oevermanns Interpretation dieser Äußerung habe ich oben schon zitiert: „Behandele mich doch wie ein kleines Kind" (Oevermann 1981, 17). Die Antwort der Mutter, die wir soeben interpretiert haben, habe ich oben folgendermaßen gedeutet: sie erklärt die Bitte des Kindes für nicht existent. Nach unserer Interpretation kann diese Deutung präzisiert werden. Nun haben wir nämlich gesehen, dass die Frage der Mutter vorgibt, eine *Unterstützungshandlung* zu sein. Sie unterläuft mit ihrer Frage also nicht nur den Wunsch des Kindes. Dieses Unterlaufen gibt zugleich vor, sich gesteigert in den Dienst des Kindes zu stellen: „Wenn Du nicht willst, dann tue ich es für Dich". Die Ignoranz gegenüber dem Anliegen des Kindes drückt sich also in einer besondere Fürsorglichkeit in Anspruch nehmenden „Taubheit" aus.

> → Liegt im Rahmen einer Sequenzanalyse bereits eine Fallstrukturhypothese vor, so gehört diese zum Kontext der folgenden Äußerung. Die Operation der Konfrontation der Lesarten mit dem Kontext berücksichtigt die bereits gebildete Strukturhypothese als *inneren Kontext*.

Beispiel 2: Mein Freund ist Ausländer

Mein Freund ist Ausländer. So lautete ein Slogan, der Anfang der neunziger Jahre als Reaktion auf die damals in erschreckender Häufigkeit und Brutalität sich mehrenden ausländerfeindlichen Gewalttaten kurzzeitig plakatiert wurde und u.a. auf Trikots von Fussball-Bundesliga-Mannschaften zu sehen war. Die Botschaft des Slogans ist völlig klar und unproblematisch: ein Aufruf gegen Ausländerfeindlichkeit. Die Form ist merkwürdig. Worin besteht die Merkwürdigkeit?

Geschichten

Wir sehen von dem Slogan-Kontext und seinen Implikationen ab und erzählen Geschichten, in denen dieser Text vorkommen könnte.

(1) Zwei Frauen unterhalten sich über die Einschätzung rechtsextremistischer Gewalttaten. A sagt: „Ich finde, die Medien übertreiben. Von Ausländerfeindlichkeit kann hier doch keine Rede sein." B antwortet: „Weißt Du, *mein Freund ist Ausländer*, und wir wissen nicht, ob wir in Deutschland bleiben wollen".

(2) Im Rahmen einer ausländerpolitischen Diskussion verdächtigt A die Person B, sie vertrete ausländerfeindliche Positionen. B antwortet daraufhin: „Ich bitte Sie. *Mein Freund ist Ausländer.*"

(3) Ebenfalls im Rahmen einer Diskussion äußert eine Person folgende Meinung: „Ausländer stellen eine Bedrohung für unsere Kultur dar". Eine andere

Person antwortet: „Ich verbitte mir diese Bemerkung. *Mein Freund ist Ausländer*".

(4) Ein Paar will heiraten. Die Frau ruft beim Standesamt an, um zu erfragen, welchen Formalitäten Genüge getan werden muss. Dabei teilt sie der Auskunft erteilenden Person mit: *„Mein Freund ist Ausländer. Gibt es da Besonderes zu beachten?"*

Lesarten

Mir fallen keine weiteren Geschichten ein, die in einem eindeutigen Passungsverhältnis zum Text stehen und nicht bloß schematische Wiederholungen der erzählten Geschichten darstellen. Nun müssen wir daran gehen, die Geschichten typologisch zu gruppieren, also Gemeinsamkeiten und Differenzen zu formulieren.

- Auffällig erscheint zunächst, dass die Geschichten 1-3 lebenspraktische und ethische Implikationen enthalten, während ausschließlich die Geschichte 4 den Terminus „Ausländer" als rechtliche, verwaltungstechnische Kategorie gebraucht.
- Alle Geschichten nehmen in Anspruch, nicht von einer *Freundschafts-, sondern von einer Gattenbeziehung* zu sprechen. Das ist insofern überraschend, als uns die Bezeichnung „Freund" nur in Ausnahmen und unter besonderen kontextuellen Voraussetzungen als Synonym für „Lebensgefährte", „Gatte" usw. erscheint. Für die Formulierung *Mein Freund ist Ausländer* gilt dagegen, dass hier ausnahmslos auf einen männlichen Lebensgefährten (einerlei, ob homo- oder heterosexuell) verwiesen wird. Diese strukturelle Gemeinsamkeit der Äußerung scheint einerseits derart überraschend, andererseits darart folgenreich für das Textverständnis, dass hier ein Falsifikationsversuch angebracht ist.

Geschichten in falsifikatorischer Absicht

Suchen wir also Geschichten, die unsere Behauptung, der Text „*Mein Freund ist Ausländer"* verweise auf eine Gattenbeziehung, widerlegen.

(1.1) Einer von zwei befreundeten männlichen Personen wird von einem Passanten angesprochen: „Entschuldigung, ich suche die Tal-Straße". Der andere antwortet: *„Mein Freund ist Ausländer.* Er versteht Sie nicht".

Lesartenprüfung: In dieser Geschichte verweist die Formulierung „mein Freund" nicht zwingend auf eine Gattenbeziehung. Das scheint damit zusammenzuhängen, dass das raum-zeitliche Dasein der Person dazu führt, dass die Formulierung „mein Freund" einen Hinweischarakter erhält und dann bedeutet: „er (mein Freund) ist Ausländer". Es bedarf also offensichtlich einer spezifischen Kontextuierung, um den Verweis auf das Vorliegen einer Gattenbeziehung zu vermeiden.

Allerdings ist die Formulierung als Ganze dennoch ungewöhnlich. Denn die Erklärung „ist Ausländer" scheint in dem geschilderten Zusammenhang unangebracht, weil damit nicht notwendig die Unkenntnis der Sprache gegeben ist. Viel eher wäre zu erwarten: „Mein Freund spricht nicht Deutsch. Kann ich Ihnen weiterhelfen?"

(1.2) In derselben Geschichte ist die angesprochene Person männlich, die Begleiterin weiblich.
Lesartenprüfung: Hier würde die Formulierung „mein Freund" auf eine Gattenbeziehung verweisen. Das Dasein des „Freundes" genügte als Kontextuierung hier nicht, um die Gattenunterstellung zu vermeiden.

(1.3) Eines von zwei Kindern wird beim Spielen von einer fremden Person ermahnt. Das andere Kind sagt: *„Mein Freund ist Ausländer.* Er versteht Sie nicht".
Lesartenprüfung: Hier kann man natürlich keine Gattenbeziehung unterstellen. Aber eine herausgehobene Solidaritätsbande ist in der Formulierung des Kindes ebenfalls in Anspruch genommen. Das Beispiel macht darauf aufmerksam, dass die Freundschaftskategorie bei Kindern restriktiver gefasst ist, als bei Erwachsenen. Dort ist jeder Freund tendenziell der „beste Freund" – und damit, im Sinne der Ausschließlichkeitsunterstellung, in die Nähe der Gattenbeziehung gerückt.

Zurück zur Lesartenbildung

Nach diesen wenigen Geschichten in falsifikatorischer Absicht können wir die Hypothese, die interpretierte Formulierung unterstelle eine Gattenbeziehung, mit größerer Gewissheit vertreten und nun daran gehen zu explizieren, worin die Bedeutung dieser Unterstellung liegt. Wie schon an einigen Stellen angedeutet, erscheint mir die Inanspruchnahme eines höheren Grades solidarischer Verbindlichkeit und Ausschließlichkeit, als dies in der Freundschaftsbeziehung reklamiert wird, die entscheidende Dimension zu sein. Werfen wir noch einmal einen Blick auf die zuerst erzählten Geschichten. Die Geschichte 4 repräsentiert einen eigenständigen Typus insofern, als hier die Ausländerkategorie formal Verwendung findet. In den ersten 3 Geschichten dagegen ist mit der Verbindung Freund = Gatte/Ausländer eine lebenspraktische Positionalität zum Ausdruck gebracht. Die Kategorie „Ausländer" wird in einen Bedeutungszusammenhang gerückt, die den „Nicht-Ausländer" (denjenigen, der den zu analysierenden Text artikuliert) lebensgemeinschaftlich unmittelbar betrifft. „Wo mein Mann (Freund) nicht leben kann, da kann ich nicht leben" (Geschichte 1), „Was meinen Mann (Freund) bedroht, bedroht mich" (Geschichte 3), „Was meinem Mann (Freund) zusteht (nämlich als „Ausländer" eine „ausländerfeindliche" Position einzunehmen), das steht auch mir zu" (Geschichte 2).

Die Unterstellung einer Gattenbeziehung ist hier also insofern von besonderer Bedeutung, als sie eine herausgehobene und exklusive lebensgemeinschaftliche Solidarität reklamiert.

Fallstrukturhypothese

Der interpretierte Text gibt einen Slogan einer öffentlichen Werbekampagne wieder, die als Reaktion auf gewalttätige, Todesopfer fordernde Ausschreitungen gegen „Ausländer"[17] für Solidarität mit Ausländern, die in Deutschland leben, wirbt. Der Text reklamiert die Freundschaft zwischen Deutschen und in Deutschland lebenden Ausländern. Deutsche und hier lebende Ausländer sollen Freunde sein, so die Botschaft des Textes.

Konfrontieren wir unsere Interpretation mit diesem Kontext, so ergibt sich ein eigentümliches Bild. Die reklamierte Freundschaftsbeziehung wird sinnlogisch durch eine Äußerung repräsentiert, die die lebenspraktisch-positionale Solidarität der Gattenbeziehung bemüht. Nicht nur, als bestünde ein Ausländerproblem – wie immer man es verstanden wissen will – darin, dass keine wechselseitigen Freundschaftsbeziehungen unterhalten würden. Auf der Folie der Textinterpretation reklamiert der Slogan, überspitzt ausgedrückt, eine Heiratspolitik: die reklamierte Solidarität mit den ausländischen Mitbürgern wird in den Rang der Gattensolidarität gehoben.

Sinnlogisch ist dieses Interpretationsergebnis insofern bemerkenswert, als der Slogan nicht dazu auffordert, an die Stelle eines Partikularismus einen Universalismus zu setzen, sondern selbst einen Partikularismus propagiert. Der Inhalt des Partikularismus negiert „Ausländerfeindlichkeit". An die Stelle von Aggression und Gewalt wird die Gattensolidarität gesetzt. Der Slogan reproduziert in seiner Partikularität aber die Differenz von Binnen- und Außensolidarität. Denn die nun in Anspruch genommene Solidarität gilt ja explizit nur für den konkreten Gatten und für niemanden sonst. Wo also die Universalität der Menschenrechte reklamiert werden könnte oder im Rahmen der politischen Gemeinschaft die staatsbürgerliche Solidarität beansprucht werden könnte, da zielt der Appell auf die Binnensolidarität und den Exklusivitätsanspruch der Gattenbeziehung.

Eine gehaltvolle Fallstrukturhypothese müsste hier anschließen und könnte aus der Interpretation Suchhypothesen für eine Diagnose der politischen Kultur der BRD gewinnen[18].

---

17 Ein ernsthafter Forschungsbeitrag müsste hier natürlich eine detaillierte Beschreibung und Einordnung der Vorgänge leisten.
18 Eine eindrucksvolle Rekonstruktion der kulturindustriellen Instrumentalisierung des Themas „Ausländerfeindlichkeit" findet sich bei Schröder/Tykwer (1993/94).

Beispiel 3: Wann geben Sie uns die Klassenarbeiten wieder?

Das folgende Beispiel rekurriert auf eine Lehrer-Schüler-Interaktion. Ich habe in Kapitel II schon die Lesartenvorschläge für die Frage des Schülers genannt. (1) Wird die Frage zum Zeitpunkt der Abgabe der Klassenarbeit gestellt, dann handelt es sich um eine Informationsfrage, deren Beantwortung in einer Zeitangabe besteht. (2) Die Frage kann aber auch im Fall der Säumigkeit gestellt werden. Dann stellt die Frage keine Informationsfrage dar, sondern formuliert eine *Kritik*. Entsprechend müssen wir dann als Antwort eine Stellungnahme bezüglich der Kritik – zurückweisend oder entschuldigend – erwarten. (3) Als dritte Lesart haben wir einen Zwischenzeitpunkt genannt. Die Klassenarbeit wurde beispielsweise vor 3 Tagen geschrieben und nun fragt ein Schüler, wann die Rückgabe erfolgt. Hier stellt sich das Problem der Fraglichkeit. Es ist in diesem Fall nicht klar, warum der Schüler „ausgerechnet jetzt" fragt. Deshalb könnte eine Reaktion darin bestehen, den Schüler zurück zu fragen, warum er nun fragt.

Die Operation des Geschichtenerzählens soll im Folgenden dazu dienen, diese Lesarten zu überprüfen bzw. zu begründen und ihre Bedeutungsdimensionen auszubuchstabieren. Dabei werde ich das Vorgehen etwas abwandeln. Zum einen wähle ich Geschichten, die den schulischen Kontext verlassen. Dazu muss der Text gleichsam umgeschrieben werden. Es darf nämlich nicht mehr um „Klassenarbeiten" gehen. Zum anderen werde ich Geschichten erzählen, in die die mögliche Antwort auf die zu interpretierende Frage schon mit eingeht. Wir werden den Text also besonders auf die Frage hin betrachten, welche Lesart welche *interaktionslogische Fortschreibung* impliziert.

Geschichten

(1) Ein Nachbar fragt mich, ob er sich eine Bohrmaschine ausleihen könne. Er wolle sich ein Hochbett bauen. Ich bejahe und frage im Laufe des Übergabegesprächs: „Wann geben Sie uns die Maschine wieder?". Der Nachbar antwortet: „Spätestens in zwei Wochen".

(2) Zwei Tage später treffe ich den Nachbarn wieder. Ich frage ihn: „Wann geben Sie uns die Maschine wieder?" Er antwortet: „Ich dachte, Sie könnten sie 2 Wochen entbehren".

(3) Nach 2 Monaten treffe ich den Nachbarn. Er hat die Bohrmaschine noch nicht zurückgegeben. Er erzählt, dass das Hochbett ganz wunderbar geworden sei. Ich frage: „Wann geben Sie uns die Maschine wieder?" Er antwortet: „In zwei Wochen".

(4) Ein Bekannter fragt mich, ob ich ihm kurzfristig 500 DM leihen könne. Er wolle ein einmaliges Sonderangebot nutzen. Ich frage: „Wann geben Sie mir das Geld wieder?" Am nächsten Ersten zahle er mir das Geld zurück.

(5) Ende des folgenden Monats treffe ich den Bekannten. Er berichtet begeistert von den Möglichkeiten des neu angeschafften Computers. Ich frage: „Wann geben Sie uns das Geld wieder?"
(5.1) Antwort: „Um Gottes Willen. Das habe ich völlig vergessen. Morgen bringe ich das Geld vorbei".
(5.2) Antwort: „Am Ersten".

Lesarten

Die Geschichten (1) und (4) folgen der Logik der Informationsfrage. Die Fraglichkeit, die durch die Frage artikuliert wird, bezieht sich auf die Klärung des Rückgabezeitpunktes. Die regelrechte Antwort auf diese Frage besteht in der Kundgabe eines Rückgabetermins.

Die anderen Geschichten zeigen, dass diese Kundgabe folgenreich ist. Der Rückgabetermin ist nämlich nun *verbindlich* geworden. Das heißt einerseits, dass, *bevor* dieser Termin eingetreten ist, keine Fraglichkeit der Rückgabe besteht. Gegen diesen Sachverhalt verstößt die 2. Geschichte. Die verabredete Ausleihfrist betrug 2 Wochen. Wer in diesem Fall schon nach Ablauf von Tagen nachfragt, unterläuft die Übereinkunft. Diese Geschichte entspricht also der oben als 3. Lesart bezeichneten Variante, die die Gegenfrage: „Was soll die Frage?", provoziert.

Den Fall der Säumigkeit und einer adäquaten Reaktion des Schuldners schildert die Geschichte (5.1): „Um Gottes Willen ...". Warum ist hierin eine adäquate Reaktion zu sehen? Die Frage: „Wann geben Sie uns das Geld wieder?" bedeutet hier in Langschrift Folgendes: „Sie haben gesagt, Sie zahlen am Ersten zurück. Nun sind wir schon am Monatsende angelangt. Sie haben aber nicht zurückgezahlt. Kündigen Sie damit die Verbindlichkeit unserer Austauschbeziehung auf oder halten Sie daran fest und haben eben nur, aus kontingenten Günden, den Termin versäumt?". Wir sehen an dieser Langschrift, dass es nicht mehr nur um die Rückzahlung des Geldes als materiellen Akt geht, sondern dass die *Verbindlichkeit der Austauschbeziehung überhaupt* zum Problem geworden ist. Äußerlich ist diese Verbindlichkeit durch die Säumigkeit verletzt. Diese Verletzung kann aber symbolisch geheilt werden. „Um Gottes Willen..." ist eine mögliche Variante einer solchen Heilung. Der Sprecher hat damit nämlich zum Ausdruck gebracht, dass er diejenige Verbindlichkeit, die er materiell *nicht* eingelöst hat, kontrafaktisch anerkennt: „Tatsächlich. Ich habe es versäumt, Ihnen das Geld zum versprochenen Termin zurückzugeben. Ich anerkenne diese Verbindlichkeit, indem ich mich entschuldige und Ihnen einen neuen Termin nenne".

Das Problem der Geschichten (3) und (5.2) besteht genau darin, dass eine symbolische Anerkennung der Verbindlichkeit ausbleibt. Der ursprünglich vereinbarte Rückgabetermin wurde nicht eingehalten. Diese Nichteinhaltung wird aber nicht „repariert". Statt dessen wird lediglich ein neuer Termin genannt. Scheinbar und nur äußerlich bringt diese Antwort Verbindlichkeit insofern zum Ausdruck, als der Rückgabetermin als verbindlicher genannt wird. Tatsächlich aber steht dieser neue Termin auf tönernen Füßen. Er schreibt die zerstörte Verbindlichkeit fort. Die scheinbare Verbindlichkeitserklärung stellt also eigentlich eine *Unverbindlichkeitserklärung* dar. Die Antwort, die die Frage nach dem Rückgabetermin (im Säumigkeitsfall) einfach als Informationsfrage behandelt, unterläuft den eigentlichen Klärungsbedarf, den diese Frage ausspricht.

Diese Lesartendiskussion zeigt, dass die Frage: „Wann geben Sie uns die Klassenarbeiten wieder?", zwei streng zu unterscheidende Bedeutungen besitzt. Das eine Mal wird die Fraglichkeit der Rückgabe, das andere Mal die Fraglichkeit der Geltung der Austauschbeziehung thematisch. Entsprechend diesen beiden Bedeutungstypen haben die Geschichten zwei Normalformen der Beantwortung der Frage gezeigt. Im ersten Fall besteht die wohlgeformte Antwort in der Nennung eines Termins. Im zweiten Fall besteht sie in einer – wie auch immer – entschuldigenden Erklärung.

Die Geschichten haben aber auch denkbare Abweichungen von einem regelbefolgenden Interaktionsverlauf vor Augen geführt. Dazu gehört diejenige Variante, die ich oben als 3. Lesart angeführt habe. Nun sehen wir aber, dass diese Möglichkeit (vgl. Geschichte 2) keine eigenständige Lesart darstellt. Sie fällt dem *Sparsamkeitsprinzip* zum Opfer. Wie ausgeführt, verbietet dieses Prinzip die Formulierung von Lesarten, die eine Regelverletzung voraussetzen. Die zweite Geschichte führt eine solche Regelverletzung vor. Es wird nämlich eine Frage gestellt, ohne dass eine Fraglichkeit vorliegt.

Wir haben hier Gelegenheit, Sinn und Arbeitsweise des Sparsamkeitsprinzips kennen zu lernen. Warum ist die Variante nicht als Lesart zugelassen? Als Lesart würde die Variante beanspruchen, eine wohlgeformte, regelgerechte Handlungsmöglichkeit zu formulieren. Natürlich formuliert diese regelabweichende Variante eine *tatsächliche* Handlungsmöglichkeit. Deren Bedeutung lässt sich aber nur rekonstruieren, wenn wir dazu in der Lage sind, die Logik der Regelverletzung zu explizieren. Und diese Logik wiederum gerät nur über den Weg der Rekonstruktion der regelgemäßen Möglichkeiten in den Blick. Wir verstehen die Abweichung ja nur, wenn wir dasjenige Normalmodell kennen, dem die Abweichung nicht folgen will.

→ Das Sparsamkeitsprinzip schließt also nicht aus, dass wir Geschichten konstruieren, die von einer Regelverletzung erzählen. Das Sparsamkeitsprinzip zwingt aber dazu, diese Geschichten von den regelkonformen Varianten gedanklich zu scheiden. Und nur aus den letzteren lassen sich die Lesarten im Sinne der Textbedeutung herleiten.

Fallstrukturhypothese

Die interpretierte Frage stellt den Beginn folgender Interaktion dar:
S: *Wann geben Sie uns die Klassenarbeiten wieder?*
L: *Nächte Woche.*
S: *Oh, Sie haben sie doch schon 3 Wochen.*
L: *Und wenn ich sie 5 Wochen hätte.*
S: *Meine Mutter denkt schon, ich hätt die weggeschmissen.*

Eine aussagekräftige Fallstrukturhypothese ist in diesem Fall auf die sequenzielle Feinanalyse der gesamten Interaktion angewiesen. Ich möchte es hier bei einigen, sehr kursorischen Bemerkungen zum Interaktionsverlauf belassen, die aber zeigen sollen, wie wichtig die bisher vorgenommene Interpretation für ein adäquates Verständnis des Interaktionsverlaufs ist.

Die dritte Zeile und die folgende Reaktion des Lehrers klären uns darüber auf, dass beide, Lehrer wie Schüler, davon ausgehen, dass der Lehrer säumig ist. Die erste Antwort des Lehrers stellt also eine Regelverletzung dar. Sie unterläuft die Kritik der Schülerfrage und stellt, wie oben ausgeführt, eine Unverbindlichkeitserklärung dar. Wenn wir den Ablauf der gesamten Interaktion betrachten, dann sehen wir, wie wichtig die Feinanalyse der initialen Frage ist. Auf den ersten Blick sieht es nämlich so aus, als führte hier eine harmlose Frage-Antwort-Situation durch die Renitenz des Schülers (Zeile 3) zu einer Ungehaltenheit des Lehrers (Zeile 4), die wiederum vom Schüler giftig kommentiert wird (Zeile 5). Erst die Feinanalyse legt offen, dass die erste Antwort des Lehrers eine Verletzung und Missachtung im Sinne der oben so genannten Unverbindlichkeitserklärung darstellt. Der Schüler wird regel(ge)-recht dazu gezwungen, nachzuhaken, will er die Verletzung nicht auf sich beruhen lassen. Das führt nicht zur Korrektur seitens des Lehrers. Er hätte nun ja sagen können: „Ja, ich weiß, aber ich hatte so viel anderes um die Ohren". Damit wäre die Verletzung geheilt worden. Statt dessen behauptet er explizit ein Willkürregime, das der Schüler seinerseits zynisch und missachtend kommentiert.

Dieses Beispiel macht besonders darauf aufmerksam, dass die Formulierung einer Fallstrukturhypothese eine *Fallbestimmung* voraussetzt: Was interessiert uns eigentlich an dem vorliegenden Protokoll? (vgl. Kap. IV 1.1) Setzen wir ein Interesse an Handlungsproblemen des Lehrerberufs voraus, dann kann folgende Fallstrukturhypothese formuliert werden: Das Lehrerhandeln, das die interpretierte Frage des Schülers beantwortet, erzeugt „ohne Not" ein Interaktionsproblem. Hier liegt keine adäquate Reaktion vor, die etwa zu der Formulierung eines positiven Modells pädagogischen Handelns Anstoß geben könnte. Hier liegt auch nicht ein Scheitern an einem schwer zu bewältigenden beruflichen Handlungsproblem vor. Es wird ein Problem durch das Handeln des Lehrers erst erzeugt. Der Lehrer scheitert gleichsam an der Aufrechterhaltung alltäglicher Reziprozitätsregeln.

Die Präzisierung eines solchen ad-hoc-Befundes und vor allem die Frage, ob dieser Befund ein empirisch systematisches Element des pädagogischen Handelns im schulischen Kontext benennt; diese Aspekte könnten von hier aus weiter bearbeitet werden.[19]

Abschließende Bemerkungen

Der Leser sollte nun einen orientierenden ersten Eindruck von dieser elementaren Operation der objektiv-hermeneutischen Textinterpretation gewonnen haben. Bei der nun folgenden ausführlichen Fallinterpretation besteht noch Gelegenheit, auf Details und Varianten dieses Vorgehens einzugehen und den systematischen Stellenwert dieser Operation im Rahmen einer durchgeführten Fallrekonstruktion zu verdeutlichen. An den Schluss dieses Kapitels will ich einige Bemerkungen zur forschungslogischen und forschungspraktischen Bedeutung des Dreischritts stellen.

(1) Der dargestellte und exemplifizierte Dreischritt rekonstruiert nicht den Erkenntnisakt, sondern beschreibt eine methodentechnische Prozedur. Es wäre ein völliges Missverständnis anzunehmen, im tatsächlichen Akt der Interpretation wären zuerst die Geschichten da, dann die Lesarten, und schließlich die Strukturhypothesen. Hätten wir nicht schon Hypothesen und Lesarten (meist implizit), dann könnten wir natürlich gar keine Geschichten erzählen. Der Dreischritt, wie vorgestellt, versucht lediglich, diese ungeschiedene Gleichursprünglichkeit analytisch aufzulösen. Das Ziel dieser Operation besteht darin, die Interpretation einer methodischen Kontrolle zu unterziehen. Erst die Trennung dieser Schritte erlaubt die gezielte Kritik einer Interpretation.

(2) Die Inanspruchnahme methodischer Kontrolle und intersubjektiver Überprüfbarkeit kann und will nicht behaupten, dass eine gelungene Interpretation nur auf diesem Weg möglich ist. Nichts spricht gegen die Möglichkeit, dass ein Interpret dem Text: „Mein Freund ist Ausländer" unmittelbar ansieht, dass hier nicht die Freundschaftsbeziehung, sondern die Gattenbeziehung reklamiert wird. Eine methodisch gesicherte *Prüfung* dieser Interpretation ist aber nur durch die dargestellte Operation vorzunehmen.

(3) Der Dreischritt formuliert auch keine Regel der *Darstellung der Interpretation*. Die Tatsache, dass ich mich auch im Folgenden eng auf diesen Dreischritt beziehe, ist für die schriftliche Darstellung einer Textinterpretation eine Ausnahme, die dem Ziel dieses Buches, das interpretatorische Vorgehen in seiner *logischen* Schrittfolge möglichst nachvollziehbar zu machen,

---

19 Dazu ausführlich: Wernet 2003.

geschuldet ist. In der Regel verzichtet die schriftliche Interpretation auf ausführliches Geschichtenerzählen und benutzt dieses Mittel meist zur Plausibilisierung der Lesartenbildung. Das ist auch insofern unproblematisch, als die Kontrolle der Interpretation nicht darunter leidet. Der Leser kann diese Interpretation kritisieren. Um dies aber stichhaltig zu tun, muss er selbst Geschichten erzählen, die den Autor und seine Interpretation widerlegen.

(4) Ich habe oben schon darauf hingewiesen, dass das Gebot der Kontextfreiheit der Interpretation nicht das Kontext*wissen* als solches „verbietet", sondern vorschreibt, dass dieses Wissen nicht zur Begründung von Lesarten herangezogen werden darf (vgl. Kap. II. 3). Aus der Perspektive der Objektiven Hermeneutik ist es völlig belanglos, woher wir die Geschichten, die wir erzählen, beziehen. Sie können sich natürlich auch aus dem Kontextwissen speisen und sie werden sich immer auch aus Vermutungen über den Fall speisen, aus irgendwelchen Ahnungen, Vorurteilen usw. So könnte man die Interpretation meines dritten Beispiels kritisieren, indem man behauptet, dass die erzählten Geschichten und die gebildeten Lesarten einzig und alleine der Kenntnis des tatsächlichen Interaktionsverlaufs entsprungen sind. Diese Unterstellung lässt sich natürlich nicht entkräften. Aber sie braucht auch gar nicht entkräftet zu werden. Denn ein Einwand bestünde nur dann, wenn zugleich gezeigt werden könnte, dass die Geschichten falsch sind, dass also die Frage, „wann geben Sie uns die Klassenarbeiten wieder", im Falle einer Säumigkeit *keine* Fraglichkeit der Verbindlichkeit aufwirft.

Als Kriterium der Zulässigkeit von Geschichten und Lesarten und vor allem: als Kriterium des Ausschlusses von Geschichten und Lesarten, gilt ausschließlich unser sprachlich-soziales, regelgeneriertes Wohlgeformtheitsurteil[20].

---

20   Diese Sichtweise entspricht der von Karl R. Popper, wenn er Erkenntnis im *objektiven Sinn* an „Probleme, Theorien und Argumente" bindet und die Frage des „subjektiven Tun des Denkens" als irrelevant für die „objektive Erkenntnis" ansieht. Vgl. Popper 1995, besonders Kap. 3: Erkenntnistheorie ohne ein erkennendes Subjekt.

IV. Eine Fallrekonstruktion am Beispiel eines Lehrerinterviews

In diesem Kapitel möchte ich die Arbeitsweise der objektiv-hermeneutischen Textinterpretation in einer durchgeführten Fallrekonstruktion verdeutlichen. Haben die Beispiele im letzten Kapitel den interpretatorischen Status von Fingerübungen, so soll die folgende Interpretation eine Etude sein, ein Lehrstück zu Übungszwecken, aber doch auch eine in sich abgeschlossene Miniatur eines Forschungsbeitrags. Ich werde mich also nicht mehr darauf beschränken zu zeigen, dass und wie die Objektive Hermeneutik dazu in der Lage ist, Sinnschichten eines Textes freizulegen. Nun soll es um die interpretatorische Erschließung eines *Gegenstands* gehen. Das Prozedere des Verfahrens soll im Vollzug einer materialen Wirklichkeitserschließung demonstriert werden.

1. Vor der Textinterpretation: Fallbestimmung und Interaktionseinbettung

Im Unterschied zu den bisherigen Beispielinterpretationen beginnt eine durchgeführte Fallrekonstruktion nicht mit der Textinterpretation, sondern mit der Formulierung einer Fragestellung. Im Forschungskontext der Objektiven Hermeneutik geht es dabei aber nicht darum, vor der empirischen Analyse eine (gesetzesförmige) *Hypothese* zu formulieren, die dann an den Daten getestet werden soll. Es geht vielmehr darum, das Forschungsinteresse, das der Auswahl und Interpretation der Texte zu Grunde liegt, möglichst klar zu explizieren. Auf welchem theoretischen Hintergrund, mit welchen Annahmen und mit welchen Fragen, mit welchen Gewissheiten und Ungewissheiten wenden wir uns den empirischen Phänomenen zu?

Diese der Interpretation vorangehende Explikation nennt Oevermann *Fallbestimmung*. Der Terminus ist aufschlussreich. Er weist nämlich darauf hin, dass der *Fall* nicht etwa dinglich gegeben vorliegt. Der Fall selbst bedarf erst der Bestimmung. So ist beispielsweise ein „Interview mit einem Lehrer" als solches kein Fall. Durch die gewählte Benennung aber ist schon ein erster Schritt zur Fallbestimmung hin erfolgt. Denn das Protokoll, das vorliegt, könnte ebenso gut „Interview mit einem Beamten", „Interview mit einem alleinerziehenden Vater", „Interview mit einer berufstätigen Frau zum Ausgang des 20. Jahrhunderts" usw. überschrieben sein. Es geht also darum, die theoriesystematische Bedeutung des Interpretationsvorhabens zu klären. In der Sprache der Objektiven Hermeneutik ist dies nichts anderes, als die Frage zu klären: „Was ist der Fall?"

Die zweite Vorklärung, die der Textinterpretation regelmäßig vorausgehen muss, betrifft die *Interaktionseinbettung*: welcher *Protokollstatus* kommt dem zu interpretierenden Text zu? Gilt unser Interesse beispielsweise dem Eltern-Kind-Verhältnis, dann hätten wir mit Protokollen familialer Interaktion, mit Interviews mit Eltern und Kindern, mit den gerichtlichen Akten eines Rechtsstreits über das Sorgerecht, mit Protokollen einer Eltern-Eltern-Interaktion auf dem Kinderspielplatz oder mit einem Protokoll eines Eltern-Lehrer-Gesprächs in der Schule ganz unterschiedliche Protokolle desselben Falls. Das Interesse kann gleichbleiben, der empirische Zugang aber ist ausgesprochen verschieden. Die Thematisierung der *Interaktionseinbettung* versucht, die Besonderheiten der protokollierten Praxisform, die *fallunspezifisch* die Textstruktur charakterisieren, kenntlich zu machen.

Zur Verdeutlichung ein Beispiel. Ich habe oben eine Lehrer-Schüler-Interaktion angeführt. Es war keine Rede davon, dass sich dieses Zwiegespräch im Klassenraum abspielt, dass also die Interaktion, wie alle unterrichtlichen Interaktionen, eine klassenöffentliche Interaktion war. Im Rahmen einer vollständig durchgeführten Interpretation muss diese Interaktionsstruktur thematisch werden. Die Operation der *Interaktionseinbettung* zielt darauf ab, diese Klärung vorab vorzunehmen.

Der folgenden Fallrekonstruktion liegt ein Ausschnitt aus einem Lehrerinterview zu Grunde. Es wird bei der *Fallbestimmung* zu klären sein, welches Erkenntnisinteresse die Interpretation verfolgt. Unser Augenmerk gilt also dem Lehrerberuf. Die Fallbestimmung wird eine möglichst präzise Formulierung dieses Interesses vornehmen.

Der Text, der uns vorliegt, ist ein Interview. Welchen Status hat dieser Protokolltyp für das materiale Interesse, dem wir folgen? Wenn wir uns für den Beruf des Lehrers interessieren, so können wir ja an ganz unterschiedliche Protokolle des Berufsdaseins denken: Lehrer-Schüler-Interaktionen, Protokolle von Schulkonferenzen, Verbalbeurteilungen, Gesetzestexte, öffentliche Stellungnahmen usw. Welchen besonderen Zugang das *Interview* mit einem Lehrer hier schafft, das ist die Frage der *Interaktionseinbettung*.

1.1 Fallbestimmung: Was interessiert uns am Lehrerberuf?

Das Interesse, unser Bild von Schule, Lehrerberuf und pädagogischem Handeln zu überprüfen, zu erweitern und zu präzisieren, fußt zunächst natürlich auf der allgemeinen Bedeutsamkeit, die der Institution Schule zugemessen wird. Schon nicht so selbstverständlich ist das Interesse, das berufliche Handeln in dieser Institution als bedeutsam zu erachten. Immerhin unterstellt dieses Interesse ja, der Beruf sei durch die Institution nicht schon hinreichend charakterisiert, die Betrachtung des Berufs füge also der Betrachtung der Institution etwas hinzu. Die Untersuchung des Lehrerberufs kann sich also ganz allgemein darauf berufen, dass diesem Beruf *als Beruf* und relativ unabhängig von der Institution Schule eine Bedeutsamkeit zukommt.

Die thematische Fokussierung, die sich damit andeutet, kann an professionalisierungstheoretische Überlegungen anschließen, die ich im Folgenden kurz umreißen will. Die neuere professionalisierungstheoretische Diskussion (Dewe/Ferchhoff/Radtke 1992, Combe/Helsper 1996) zielt auf eine Rekonstruktion der Besonderheit des Lehrerberufs, die viele Übereinstimmungen mit der Sichtweise der akademischen Pädagogik und auch mit dem herrschenden Alltagsbild dieses Berufs aufweist. Auf einen einfachen, kleinsten gemeinsamen Nenner gebracht lässt sich die Position folgendermaßen umschreiben: der Lehrerberuf ist mehr als nur ein „Job". Es handelt sich um eine „anspruchsvolle" berufliche Tätigkeit, die Verantwortlichkeit übernimmt in einer „Arbeit mit Menschen", die sich in einer (potentiell) hilfsbedürftigen Situation befinden. Genau diese Charakterisierung stellt die Ausübung des Berufs aber auch vor spezifische Schwierigkeiten. Wir stehen dann nämlich vor einem Problem der Standardisierbarkeit und Routinisierbarkeit. Die substanziell verantwortliche Zuständigkeit des Berufs muss ja mit einem Verzicht auf bloß technische Problemlösungen einhergehen. Die Standardisierung würde nämlich von vornherein einem emphatischen Berufsbild zuwiderlaufen.

Dieses sehr grob und weitgehend in Alltagskategorien gezeichnete Bild lässt sich begriffssprachlich mit Hilfe von Talcott Parsons exemplarisch präzisieren. Parsons hat die Berufsrolle in der modernen Gesellschaft folgendermaßen charakterisiert: sie folgt einer (1) universalistischen, (2) leistungsbezogenen, (3) affektiv-neutralen und (4) thematisch spezifischen Orientierung. Was ist damit gemeint? Die Berufsrolle orientiert sich an einer Arbeitsanforderung, die einem verallgemeinerten Leistungskriterium folgt (1 und 2). Was zu tun ist, ist für jeden gleichermaßen definiert (universalistisch). Die Einhaltung dieser Definition ist eine Frage der Leistung des Berufsrollenträgers.

Die universalistische Leistungsorientierung steht im Gegensatz zu einer partikularen und gleichsam ständisch zugeschriebenen Rolle. Letztere gilt qua Besonderheit der Person (und damit idealiter *nur* für diese Person) und qua zugeschriebener Qualität und Zuständigkeit. Ich erhalte beispielsweise die Anstellung, nicht weil ich entlang universalistischer Leistungskriterien der Stellenanforderung genüge, sondern weil ich – *obwohl nicht universalistisch qualifiziert* – der Sohn eines Freundes des Geschäftsführers bin.

Weiterhin ist die Berufsrolle typischerweise an eine klar und eindeutig umrissene Zuständigkeit gebunden (3), und nur an diese! Alles, was nicht in den Bereich dieser Zuständigkeit fällt, ist für die Berufsrolle unerheblich. Ebenso ist die Berufsrolle typischerweise an affektiver Neutralität orientiert (4). Natürlich kann ich als Handwerker einen Kunden mehr oder weniger mögen, natürlich kann ich als Finanzbeamter von der persönlichen Situation eines Antragstellers emotional besonders berührt sein. Das ändert aber nichts daran, dass der Antrag nach Maßgabe der Vorschriften bearbeitet wird bzw. ich allen Kunden meine handwerklichen Fähigkeiten gleichermaßen zukommen lasse.

Die mit Hilfe der 4 Dimensionen beschriebene Berufsrolle in der modernen Gesellschaft beinhaltet offensichtlich Alternativen. Diese Alternativen führen zu dem berühmten Schema der *pattern-variables*[21]:

Partikularismus • Universalismus

„ascription" • „achievement"

Diffusität • Spezifität

Affektivität • Neutralität

Die rechte Spalte verweist, wie dargestellt, auf die Berufsrolle in der modernen Gesellschaft und damit – sofern wir der Berufsrolle eine herausgehobene gesellschaftstheoretische Bedeutung zukommen lassen – auf die Grundverfasstheit der modernen Gesellschaft überhaupt[22]. Die linke Spalte hingegen verweist nicht nur auf vormoderne gesellschaftliche Strukturen, sondern auch und vor allem auf die Konstitutionsprinzipen der *Familie in der modernen Gesellschaft*. Denn die partikular-askriptive, an Diffusität und Affektivität orientierte Sozialbeziehung ist typischerweise in der Familie anzutreffen und zeichnet die Besonderheit der familialen Beziehung aus; eine Beziehung, die konstitutiv partikular auf eine konkrete Person bezogen ist (1), die nicht qua Leistung *verdient* werden kann (2), die prinzipiell keine Einschränkung der Zuständigkeit kennt (3) und für die Affektivität konstitutiv ist (4).

Kehren wir zum Lehrerberuf zurück. In den Begriffen des dargestellten Modells lässt sich die oben angedeutete Charakterisierung des Lehrerberufs folgendermaßen formulieren: Die für diesen Beruf konstitutive Orientierung kann sich nicht in der rechten Spalte der Variablen erschöpfen. Sie muss auch Elemente der linken Variablenspalte beinhalten. Das Problem ist nun, dass die jeweils sich gegenüberstehenden Variablenpaare antipodisch konstruiert sind. Universalismus schließt Partikularismus aus. Wenn wir also davon ausgehen, dass der Lehrer z.B. seinen Schülern gegenüber nicht nur universalistisch orientiert ist, sondern die Schüler auch in ihrer personalen Besonderheit berücksichtigt, dass er nicht nur affektiv-neutral orientiert ist, sondern auch affektiv usw., dann unterstellen wir, dass seine berufliche Handlungsanforde-

---

21 Die theoretische Entfaltung der pattern-variables findet sich in Parsons 1951, Eine schultheoretische Anwendung dieser Begriffe in Parsons 1964. Ausführlich dazu: Wernet 2003.
22 Die rechte Spalte lässt sich beispielsweise unproblematisch mit der von Max Weber in seiner „protestantischen Ethik" entfalteten Theorie der modernen Gesellschaft zusammenführen.

rung *widersprüchlich* ist. In eben diesem Sinne sprechen die neueren professionalisierungstheoretischen Ansätze von Paradoxien und Antinomien (vgl. Helsper 1996), denen der Beruf ausgesetzt sei und die im Sinne der Herstellung einer *widersprüchlichen Einheit* (vgl. Oevermann 1996) bewältigt werden müssen.

Damit haben wir den Blick in unser Datenmaterial präzisiert. Wir wenden uns dem Interview in der Erwartung und dem Interesse zu, über diesen Problemkomplex einer widersprüchlichen Handlungsanforderung des Lehrerberufs Aufschluss zu erhalten. Ist das theoretisch aufgeworfene Problem überhaupt empirisch evident? Und wenn dem so ist: welcher spezifische Umgang mit diesem Problem zeigt sich in dem uns vorliegenden Interviewprotokoll?

Ich habe eingangs dieses Kapitels darauf hingewiesen, daß der *Fallbegriff der Objektiven Hermeneutik* nicht dinglich verkürzt verstanden werden darf. Er erschöpft sich nicht in der Konkretion und Dinglichkeit des vorliegenden Datenmaterials, geschweige denn in der Dinghaftigkeit der dort protokollierten Wirklichkeit. Erst die Fragestellung macht aus dem Protokoll der Wirklichkeit einen Fall. Der folgende Fall ist also nicht „ein Lehrer" oder „ein Interview mit einem Lehrer", sondern das Problem der Widersprüchlichkeit der Lehrerrolle. Die Dialektik von Allgemeinem und Besonderem ebenso wie die wechselseitige Verwiesenheit von Theorie und Empirie spiegeln sich in diesem Fallbegriff wider.

1.2 Interaktionseinbettung: Zum Protokollstatus des Interviews

Welchen Aufschluss dürfen wir hinsichtlich dieser Fallbestimmung von einem Lehrerinterview erwarten? Im Gegensatz zu fast allen Forschungsmethoden – auch zu vielen qualitativen Verfahren – betrachtet die Objektive Hermeneutik ein *Interview als Protokoll einer sozialen Praxis*. Die Pointe dieser Sichtweise besteht darin, dass die Äußerungen des Interviewten *nicht auf ihre inhaltlichen Dimensionen reduziert werden*.

Daraus ergibt sich zunächst ein spezifisches Problem für die objektivhermeneutische Interviewinterpretation. Wenn wir uns nämlich fragen, welche soziale Realität in einem Interviewtext protokolliert ist, dann heißt die triviale, aber unbequeme Antwort: die Praxis des Interviews selbst. Unbequem ist diese Antwort deshalb, weil wir uns in aller Regel für diese Praxis nicht interessieren. Soweit nämlich unser Fall nicht „das Interview als Forschungsinstrument" heißt, müssen wir die Frage beantworten: was protokolliert ein Interview über die soziale Praxis des Interviews hinaus?

Die Antwort der quantitativ-subsumierenden Forschung liegt hier auf der Hand: Meinungen, Einstellungen, Sichtweisen usw. der Befragten. Aus dieser Perspektive ist das „offene Interview" bzw. die offene Frage im Rahmen standardisierter Befragung darauf gerichtet, „genauere Informationen vom Be-

fragten mit besonderer Berücksichtigung seiner Perspektiven, Sprache und Bedürfnisse zu erlangen" (Friedrichs 1981, S. 224).
Diese Sichtweise teilt die Objektive Hermeneutik nicht. Wenn die Objektive Hermeneutik mit „offenen Interviews" arbeitet, dann nicht, um „genauere Informationen" von dem Probanden zu erhalten („zu diesem und jenem Punkt wüßte ich gerne mehr") und erst recht nicht, um einen Zugang zum „subjektiven Standpunkt" (subjektive Perspektive, Intentionen, Meinungen usw.) zu erhalten, sondern um ein möglichst unverstelltes Protokoll einer sozialen Praxis *jenseits der Interviewpraxis* zu erhalten. Deshalb führt die Objektive Hermeneutik keine *Befragungen* durch, sondern führt gesprächsförmige Interviews.[23]

An dem Interview mit einem Lehrer interessiert uns die Klärung von berufsspezifischen Problemkonstellationen mit der Vermutung, typische berufspraktische Haltungen zu dieser Problemkonstellation zu rekonstruieren. Es liegt auf der Hand, dass für *diese* Fragestellung Protokolle des Berufshandelns – in erster Linie also Unterrichtsprotokolle – ein geeignetes und aufschlussreiches Datenmaterial darstellen. Diese Texte protokollieren nämlich unmittelbar diejenige Wirklichkeit, die uns interessiert.

Ein Interview dagegen protokolliert ein Gespräch eines Lehrers mit einem Forscher. Es stellt natürlich kein Protokoll beruflichen Handelns zur Verfügung. Können wir, so stellt sich die Frage, über die Erhebung von Meinungen, Sichtweisen oder Einschätzungen hinaus etwas über die Berufspraxis aus einem Interview erfahren? Die Antwort lautet: ja! Das „ja" ist dann nämlich gerechtfertigt, wenn wir das Interview selbst *vermittelt und indirekt* als Protokoll von „Lehrerhandeln" ansehen.

Das setzt voraus, dass die Äußerungen des Interviewten selbst als (Sprech-)*Handlungen* gelesen werden. Wir sehen also in dem Interviewtext nicht bloß ein Protokoll von Meinungen, Einstellungen und Sichtweisen, sondern ein Handlungsprotokoll. Wie kann aber dieses „Interviewhandeln" als Protokoll eines Berufshandelns interpretiert werden?

Für die skizzierte professionalisierungstheoretische Fragestellung lässt sich dieser methodische Zugriff folgendermaßen darstellen: Die vermutete Widersprüchlichkeit der beruflichen Handlungsanforderung weist darauf hin, dass das berufliche Handeln selbst *habitusgeneriert* ist. Soweit nämlich die Berufspraxis tatsächlich nicht vollständig standardisierbar und routinisierbar ist, soweit das berufliche Handeln konstitutiv einem widersprüchlichen Spannungsfeld ausgesetzt ist, sind wir zu der Annahme gezwungen, dass ein *Berufshabitus* vorliegt, der sich durch eine spezifische Struktur der Problemlösung charakterisieren lässt.[24]

---

23 So spricht Kromrey in seinem Buch „Empirische Sozialforschung" nur noch von „Befragung". Dass ein Interview forschungslogisch *mehr* sein könnte als die Antworten auf Fragen, ist damit terminologisch schon ausgeschlossen (vgl. Kromrey 1998). Ich selbst werde, aus eben diesem Grunde, den Terminus „Befragter" vermeiden und von „Interviewtem", „Interviewee" oder „Probanden" sprechen.
24 Zu dieser Problematik: Maiwald 2003.

Zur Verdeutlichung: Die theoretischen Vorüberlegungen zum Lehrerberuf auf der Folie der Parsonsschen *pattern-variables* ermöglichen es schon, zwei extrem vereinseitigte Typen eines Berufshabitus gedankenexperimentell zu konstruieren: denjenigen pädagogischen Habitus nämlich, der sich auf der rechten Spaltenseite bewegt unter extremer Vermeidung der linken Seite (der distanzierte Lehrer), und den komplementären Typus des extrem partikular-diffus auf die Person des Schülers orientierten Lehrerhabitus (der „menschliche" Lehrer).

Erst wenn wir weiterhin unterstellen, dass der Berufshabitus als Gegenstand unserer Textrekonstruktion über den direkten Kontext des unmittelbaren beruflichen Handelns hinausgreift und auch *außerhalb* dieses Kontextes wirksam ist, sind wir berechtigt, im Interviewtext ein Protokoll des Berufshandelns zu sehen: insofern nämlich, als das Interview den spezifischen *Berufshabitus* des Interviewten protokolliert.

Wenn wir also im Folgenden ein Lehrerinterview interpretieren, so ist das Ziel der Analyse die Rekonstruktion eines *berufsspezifischen Habitus*. Der Interviewtext gilt uns als Protokoll dieses gesuchten Habitus.

1.3 Fallbestimmung und Interaktionseinbettung: Abschließende Bemerkungen

Sowohl in inhaltlicher Perspektive, als auch in Sachen Ausführlichkeit und Explizitheit können die vorangegangenen Ausführungen zur Fallbestimmung und Interaktionseinbettung keine Verbindlichkeit beanspruchen. Selbstverständlich können ganz andere Fragen verfolgt werden und offensichtlich hängen die Ausführungen zur Interaktionseinbettung eng zusammen mit der von mir gewählten Fragestellung.

Für beide Operationen lassen sich auch keine Gültigkeitskriterien formulieren. Festzuhalten aber bleibt, daß Fallbestimmung und Interaktionseinbettung so explizit wie möglich vorzunehmen sind. Ich betone dies deshalb, weil die Prinzipien der Textinterpretation, die die Objektive Hermeneutik formuliert (vgl. Kap. II), eine *Unvoreingenommenheit* in Anspruch nehmen, die – auf den ersten Blick – sowohl die Formulierung der Fallbestimmung, als auch die Explikation der Interaktionseinbettung als überflüssig, wenn nicht gar dem Verfahren als „widersinnig" erscheinen lassen könnten. Ist denn die „Logik des unvoreingenommenen Blicks", die „Rekonstruktion der Sache in der Sprache des Falles" oder die Ablehnung eines „subsumtionslogischen" Vorgehens verträglich mit einer Fallbestimmung und Interaktionseinbettung, die den Blick auf das zu interpretierende Protokoll von vornherein „zurichtet" und damit verengt und prädeterminiert? Warum verzichten wir nicht einfach auf Fallbestimmung und Interaktionseinbettung? Warum nicht erst einmal sehen, was der Text sagt? Dazu nur einige Bemerkungen:

(1) Die vorbereitenden Operationen setzen die Interpretationsprinzipien nicht außer Kraft. Sie präjudizieren nicht die *Ergebnisse* der Interpretation, sondern sie justieren die Interpretation auf ein spezifisches *Erkenntnisinteresse*.

(2) Dieses Erkenntnisinteresse kann sich im Laufe der Interpretation ändern. Das heißt aber nichts anderes, als dass die Interpretation dazu zwingt, eine *Reformulierung* der Fallbestimmung vorzunehmen.

(3) Jede durchgeführte Fallrekonstruktion hat für den folgenden Forschungsprozess den Status einer Fallbestimmung.

(4) Es ist selbstverständlich möglich, eine Interpretation vorzunehmen, ohne die vorbereitenden Operationen auszuführen. Die Beispielinterpretationen, die ich im vorangegangenen Kapitel vorgenommen habe, stehen dafür. Diese Interpretationen haben aber auch gezeigt, dass es alsbald notwendig wird, Fallbestimmung und Interaktionseinbettung nachzureichen: Welches Interesse gilt dem Slogan „Mein Freund ist Ausländer"? Was interessiert mich an der Lehrer-Schüler-Interaktion? Was bedeutet es, dass diese Interaktion klassenöffentlich stattfindet? Diese Fragen haben wir oben ausgeblendet und schon die ausgesprochen verkürzten Textinterpretationen haben uns gezeigt, dass diese Fragen systematisch berücksichtigt werden müssen. Die die Textinterpretation vorbereitenden Operationen der Fallbestimmung und Interaktionseinbettung dienen also dazu, notwendige Systematisierungen von den textinterpretatorischen Schritten analytisch zu sondern.

2. Die Textinterpretation

Kommen wir zum Text. Das verschriftete Tonbandprotokoll des Lehrerinterviews beginnt folgendermaßen[25]:

[[*L: Wenn du das aufnimmst, dann kannst du ja kaum nachdenken. Es entstehen ja tausend an Anforderungen.*

I: Das macht nichts. Wieviele Pausen da sind oder so. Hauptsache das wird dann...

L: Hauptsache ist, es wird überhaupt was gesprochen.

I: Das wäre noch mal auch wichtig. Wir versuchen eigentlich immer, mit ziemlich offenen Fragen ranzugehen; was dir dazu einfällt – von dir aus. Wenn also

---

25 Das Interviewprotokoll entstammt einem Forschungsprojekt mit dem Titel: „Determinanten des Bewertungsverhaltens von Lehrerinnen und Lehrern der Sekundarstufe I", das von Andreas Seidel, Roswitha Lohwasser und Wolfgang Thiem am Institut für Pädagogik der Universität Potsdam durchgeführt wurde. Ich danke dafür, dass mir das Protokoll für dieses Buch zur Verfügung gestellt wurde.

Dinge dazu kommen, wo du denkst, die passen dazu oder nicht – einfach viel von dir aus erzählen. Da weiß man, da denkst du dran und wirst nicht von mir so drauf gestoßen. Das wäre schon ganz gut.]]
Gut, ja? Also, vielleicht, wenn du mal für dich Revue passieren lässt, du hast ja doch schon viele Jahre im Schuldienst verbracht mit viel Kraft und Ausdauer, welchen Stellenwert, welche Wichtigkeit hat für dich das Bewerten, das Beurteilen im Unterricht?
L: Ich muss sagen, das ist eigentlich die entscheidende Frage dabei. Warum? Weil man einen Schüler mit einer Bewertung stimulieren kann oder vernichten kann. Ganz hart ausgedrückt.

Der Text, den ich ausgewählt habe, stellt den Beginn des Interviews dar. Dabei habe ich den ersten Teil der Interaktion in Klammern gesetzt. Erst danach will ich mit der Interpretation beginnen (*Gut, ja? Also, vielleicht ...*).

Forschungsstrategisch ist es besonders aussichtsreich, mit der Interpretation dort anzufangen, wo auch die protokollierte Wirklichkeit eine Interaktion beginnen lässt. Die Rekonstruktion der Eröffnung einer sozialen Praxis verspricht einen lohnenden explikativen Zugang zu eben dieser Praxis. Denn gerade bei der Eröffnung schließt diese Praxis schon viele Optionen aus und konturiert dadurch besonders markant ihre Selektivität und Besonderheit. Die forschungsstrategische Bedeutung des Beginns der Interpretation mit der protokollierten Interaktionseröffnung ist hierin begründet.

Ein solches Vorgehen ist allerdings forschungslogisch nicht zwingend. Die besondere Bedeutung einer Interaktionseröffnung ist nur einer von vielen möglichen forschungsstrategischen Aspekten zur Text- und Sequenzauswahl. Will ich beispielsweise eine bereits gebildete Fallstrukturhypothese überprüfen, werde ich diejenigen Stellen aufsuchen, die sich für eine solche Prüfung besonders eignen, die sich also auf den ersten Blick der vermuteten Fallstruktur widersetzen. Bin ich auf der Suche nach kontrastierenden Fällen, so kann ich durchaus in einem anderen Interview eine Textstelle aufsuchen, die für diese Absicht besonders aufschlussreich erscheint.

In dem vorliegenden Protokoll treffen die Aspekte zusammen. Das Protokoll verzeichnet ein Gespräch, das zum eigentlichen Interview hinführt. Wie häufig bei nichtstandardisierten Interviews liegt ein Anfangsproblem vor: wann wird das Gespräch zum Interview, oder, technisch ausgedrückt, wann schaltet der Interviewer das Tonband an? Die Interaktion, die ich in eckige Klammern gesetzt habe, stellt natürlich ein interessantes Protokoll der *Eröffnungsproblematik eines Interviews* dar. Würden wir uns beispielsweise für das Interview als Interview interessieren – etwa im Rahmen eines Methodenbuchs zur Technik des nichtstandardisierten Interviews –, wäre die Interpretation der hier eingeklammerten Sequenz unerlässlich.

Auf die Hinführung folgt die erste Frage des Interviewers. Im engeren Sinne beginnt hier das Interview. Diese Frage stellt gleichsam den zweiten

Anfang dar. Eröffnet wird nun die Interviewpraxis in inhaltlicher Perspektive. Schon deshalb liegt hier ein besonderes Augenmerk der Interpretation.

Die Auswahl dieser Anfangssequenz ist aber auch inhaltlich motiviert. Wir beginnen die Interpretation mit dieser Frage, weil sie, wie auch die Antwort, in ihrer Selbstauffassung zu einem inhaltlich zentralen Thema für den Lehrerberuf kommt. Würde die Frage erst später im Interview vorkommen, spräche methodisch nichts dagegen, dort – also „mittendrin" – die Textinterpretation beginnen zu lassen.

2.1 Die Interview-Frage

Die objektiv-hermeneutische Textanalyse kann die Interview-Frage, anders als in statistisch-subsumierenden Auswertungsverfahren üblich, nicht unberücksichtigt lassen. Die methodische Kontrolle beschränkt sich nicht auf das, „was geantwortet wurde", sondern sieht dies auf dem Hintergrund dessen, „was gefragt wurde". „Was heißt es, so und nicht anders gefragt zu haben?"; die Klärung dieser Frage gehört konstitutiv zur Sinnexplikation der Antwort dazu.

Unser *materiales Interesse* gilt aber selbstverständlich den Antworten, und nicht den Fragen. Das daraus sich ergebende Interpretationsproblem – soll ich den Fragen dieselbe interpretatorische Aufmerksamkeit zukommen lassen wie den Antworten? – lässt sich leicht lösen. Die Interpretation der Interview-Frage steht im Dienste eines adäquaten Verständnisses der Antwort. Anders gesagt: Nur die Interpretation der Antworten führt uns zu einer Rekonstruktion der fallspezifischen Strukturlogik. Die Interpretation der Interview-Fragen dagegen zielt nicht direkt auf die Fallrekonstruktion, sondern auf die Explikation der *Rahmung*, die die Frage für die ihr folgende Antwort darstellt. Genau in dieser Hinsicht sind sie für uns von Interesse.

> → Die Interpretation der Interview-Frage zielt auf die Explikation der *Rahmung der Antwort*. Sie leuchtet den von der Frage eröffneten Antwortenhorizont aus.

Weil die Interpretation der Interview-Frage nicht die Rekonstruktion einer Fallstruktur darstellt, sondern lediglich als Rahmung des eigentlich interessierenden Protokolls von Bedeutung ist, bedarf es hier keiner vollständig durchgeführten extensiven Feininterpretation. Allerdings stellt die Interpretation mehr dar als eine bloße Umschreibung der inhaltlich-thematischen Dimensionen, auf die die Frage zielt. Im Sinne der Rahmung müssen auch die implizit bleibenden Dimensionen expliziert werden. Auch hier müssen latente Sinnschichten, die die Frage enthält, offen gelegt werden. Die Interpretation folgt nicht den Regeln der objektiv-hermeneutischen Feinanalyse, sie stellt aber eine stark verkürzte und kondensierte objektiv-hermeneutische Textanalyse dar.

> → Die Interpretation der Interview-Frage stellt eine abgekürzte Textinterpretation dar. Sie verzichtet auf eine vollständig durchgeführte extensive Feinanalyse. Sie folgt aber dem Duktus der objektiv-hermeneutischen Textinterpretation.

Kurzinterpretation der Interview-Frage

Die erste Interview-Frage wird durch eine Zäsur eingeleitet: *Gut, ja?* Dann folgt ein Vorschlag des Interviewers, etwas *Revue passieren zu lassen*. Bevor er die inhaltlich-thematische Dimension der *Revue* benennt, schiebt er ein: *du hast ja doch schon viele Jahre im Schuldienst verbracht mit viel Kraft und Ausdauer*. Dieser Einschub verweist auf eine spezifische Sichtweise des Lehrerberufs. Als Rahmung der Antwort verdient er besonderes Augenmerk.

Zunächst ist bemerkenswert, dass der Interviewer den Probanden mit dem „Du" adressiert. Damit wird eine Nähe und Vertrautheit bekundet, die im Kontext des Interviews mit einem Berufsrollenträger erklärungsbedürftig ist. Das „Du" könnte einer persönlichen Bekanntschaft verpflichtet sein. Dann ergibt sich ein interviewpragmatisches Problem: Wenn sich beide kennen, was kann dann authentisch der Interviewer noch wissen wollen? Es könnten aber auch kollegiale Elemente in das „Du" einfließen. Dann wäre dies ein Hinweis auf eine in der Logik der Vergemeinschaftung operierende Kollegialität.

Der Kollegialitätsaspekt taucht auch in der Prädizierung auf: I. bescheinigt L., *mit viel Kraft und Ausdauer schon viele Jahre im Schuldienst verbracht* zu haben. Zunächst ist damit behauptet, bei dem Interviewee handele es sich um einen erfahrenen Lehrer. Darüber hinaus stellt die Bemerkung ein *Lob* dar. Es ist nicht nur die Erfahrung, sondern auch das Berufsengagement, das hier vom Interviewer explizit gewürdigt wird. Im Sinne eines Berufsbildes steuert der Interviewer also auf eine *Heroisierung des Lehrerberufs* zu. Es ist nicht der Beruf, der durch relativ hohes Einkommen, relativ viel Freizeit und große soziale Sicherheit typisiert wird – das entspräche einer weitverbreiteten Alltagssicht auf diesen Beruf – sondern der leidenschaftliche, *Kraft und Ausdauer* zum Gelingen benötigende Beruf wird hier angesprochen.

Dabei stiftet der Umstand, dass der Interviewer sich dieses Bild *als Urteil über L.* anmaßt, eine eigentümliche Problematik. Denn die Anerkennung, die der Interviewer ausspricht, setzt ja voraus, dass er dazu auch berechtigt ist. *„Was wissen Sie denn schon über meine professionellen Qualitäten"*, könnte ein „giftiger" Kollege antworten. Wir können also gespannt darauf sein, ob der so adressierte Lehrer die „Schmeichelei" dankend annimmt, ob er sie explizit zurückweist oder ob er sie implizit zurückweist oder abschwächt.

Nach diesem Einschub wird dann der Inhalt der Aufforderung, *Revue passieren zu lassen*, benannt: *welchen Stellenwert, welche Wichtigkeit hat für Dich das Bewerten, das Beurteilen im Unterricht?* Die Frage ist sehr unbestimmt und offen gehalten: der Lehrer kann sich aussuchen, ob er auf

Stellenwert oder *Wichtigkeit* eingeht, ob er über *Bewerten* oder *Beurteilen* sprechen will. Die Frage erfüllt also sehr gut das Prinzip der Offenheit. Alle möglichen Dimensionen könnte der Interviewee nun aufnehmen. Dies wird durch die Aufforderung, *Revue passieren zu lassen*, unterstrichen. Welcher Aspekt auch immer dem Interviewee in der inneren Rückschau als bedeutsam erscheint; er ist durch die Frage eingeladen, darüber zu berichten und zu erzählen.

Die erste Interview-Frage eröffnet also in dem thematischen Feld „Bewertung/Beurteilung" einen weiten Horizont möglicher Antworten. Das heißt nichts anderes, als dass die nun folgende Antwort schon sehr selektiv sein muss. *Der Interviewte muss die Bedeutsamkeitsbestimmungen selbst vornehmen.*

Eine spezifische Antwortmöglichkeit legt die sehr offene Frage allerdings nahe. Im Sinne einer interviewpragmatischen Sachhaltigkeitserwartung könnte der Interviewee die Beantwortung ablehnen. Weil die Frage nämlich eher zum erzählen auffordert, als etwas Konkretes wissen will, könnte er zurückfragen: *„Worauf genau zielt die Frage? Was willst Du wissen?"* Aber auch diese Reaktion wäre sehr selektiv. Die Interpretation der Frage zeigt, dass der Interviewee vor eine aufschlussreiche Alternative gestellt ist: akzeptiert er die gesprächsförmige Pragmatik des Interviews, oder verlangt er die Pragmatik eines den Interviewer unterrichtenden und informierenden Experteninterviews?

Damit sind, so vermute ich, die wesentlichen Rahmungsdimensionen der Frage expliziert.

> → Die Reichweite der Interpretation der Interview-Frage bemisst sich daran, ob uns die Explikation der Rahmung der Antwort als hinreichend erscheint. Ein technisches Kriterium lässt sich hierfür nicht angeben.

2.2 Die erste Interviewsequenz: Von Geschichten über Lesarten zur Fallstruktur

Hier nun beginnen wir mit der extensiven Feinanalyse:

L: Ich muss sagen, das ist eigentlich die entscheidende Frage dabei.

Eine bloß umschreibende Interpretationstechnik könnte zu der Äußerung nicht viel sagen: Der Interviewee behauptet eine Wichtigkeit der Frage. Insbesondere die Tatsache, dass keine Aussage über einen Gegenstand getroffen wird lädt dazu ein, einfach weiterzugehen. Wir stehen also vor einem Textsegment, auf das uns erst die Interpretationsprinzipien der Objektiven Hermeneutik aufmerksam machen.

Bei der Textinterpretation folgen wir dem im letzten Kapitel vorgestellten interpretatorischen Dreischritt: *(1) Geschichten erzählen, (2) Lesarten bilden,*

(3) Konfrontation der Lesarten mit dem vorliegenden Kontext und der manifesten Aussageintention des Textes.

Zur Erinnerung:
1. In den Geschichten, die wir erzählen, konstruieren wir Kontexte, in denen der zu interpretierende Text uns als angemessene sprachliche Äußerung erscheint.
2. Die Lesartenbildung erfolgt, indem wir die Geschichten auf Strukturgemeinsamkeiten hin befragen. Aus ihnen ergibt sich die *fallunspezifische* Textbedeutung.
3. In der Konfrontation der Lesart(en) mit dem tatsächlichen Äußerungskontext erschließt sich die Besonderheit der Fallstruktur. In dieser Operation gewinnen wir die Fallstrukturhypothesen.

Bevor wir Geschichten erzählen können, müssen wir aber entscheiden, zu welchem Textausschnitt wir dies tun. Welche Textsequenz interpretieren wir?

Das Problem der Sequenziierung des Textes

Ohne es zu begründen, habe ich als erste zu interpretierende Textsequenz den ersten Satz notiert. Das ist hier deshalb nicht sinnvoll, weil die Satzeinleitung *ich muss sagen* schon eine für die Gesamtaussage bedeutungsvolle Einheit darstellt. Andererseits hätte es offensichtlich keinen Sinn, *ich* oder *ich muss* als Textsequenz isoliert zu interpretieren. Die erste zu interpretierende, auf der Folie der Fallstruktur *bedeutungsgenerierende Sequenz* ist: *Ich muss sagen*.

Die Sequenziierung eines Textes – bis wohin interpretieren wir? – bemisst sich an der kleinsten bedeutungsstrukturellen Einheit hinsichtlich der Fallstruktur. *Ob* die ausgewählte Einheit tatsächlich diesem Kriterium genügt, kann nur vorläufig vermutet werden. Erst die durchgeführte Interpretation erweist die Wahl als richtig oder falsch und zwingt gegebenenfalls zur Korrektur.

Geschichten

Gehen wir nach dem oben angeführten Schematismus vor: Welche Geschichten fallen uns zu dem vorliegenden Textstück ein? In welchen Situationen also erscheint die Äußerung: *Ich muss sagen*, als angemessen?

a) Ein der Jazz-Musik fernstehender Mensch wird von einem befreundeten Jazz-Freak dazu aufgefordert, gemeinsam ein Jazz-Konzert zu besuchen. „Komm doch mal mit, Du wirst sehen, die sind richtig gut". „Nun gut, weil Du es bist" könnte vielleicht die Einwilligung kommentiert werden.

Nach dem Konzert fällt dann aus dem Munde des Jazz-Stoffels der Satz: *„Ich muss sagen*, das hat mich sehr beeindruck".
b) Denkbar wäre auch die folgende Variante: *„Ich muss sagen*, ich habe da nichts dran".
c) Ein Ehepaar beschließt, eine sehr teure Kreuzfahrt zu unternehmen. Wieder zu Hause, berichten die Beiden auf die Frage „Wie war's?", Folgendes: *„Ich muss sagen*, es war wunderbar".
d) Auch hier ist die gegenteilig wertende Version vorstellbar: *„Ich muss sagen*, so eine Kreuzfahrt ist nichts für uns".

Lesartenbildung

Mir selbst fallen keine Geschichten ein, die mir nicht als bloße Reproduktionen desjenigen Musters erscheinen, das den erzählten Geschichten zu Grunde liegt. Wir müssen jetzt schon vermuten, dass in allen 4 Geschichten die Formulierung *ich muss sagen* dieselbe Bedeutung hat. Nun können wir daran gehen, die Lesarten zu bilden im Sinne der *Explikation der fallunabhängigen Bedeutungsstruktur* der zu interpretierenden Äußerung.

> → Das Spektrum der zu erzählenden Geschichten ist dann erschöpft, wenn keine *neuen* Geschichten hinzukommen. Neu ist eine Geschichte dann, wenn der zu interpretierende Text in dieser Geschichte eine *andere Bedeutung* als in den bis dahin vorliegenden Geschichten erhält.

Die 4 Geschichten enthalten folgende Bedeutungskomponenten:
– Die erzählten Geschichten formulieren allesamt ein Urteil, das prinzipiell der Einleitung *ich muss sagen* nicht bedarf: „das hat mich sehr beeindruckt", „ich habe da nichts dran", „es war wunderbar", „so eine Kreuzfahrt ist nichts für uns". Die Einleitung *ich muss sagen* fügt dem *inhaltlich* nichts hinzu.
– Sie führt aber eine *Gegenerwartung* ein: Im Falle a) wird gleichsam von einer Bekehrung berichtet: *Obwohl* Jazz-Stoffel, hat die Musik beeindruckt. Fall b) zeigt, dass die Gegenerwartung nicht in „Bekehrung" bestehen muss. Auch die Bestätigung der ursprünglichen Haltung kann mit *ich muss sagen* eingeleitet werden. Das Modell der Gegenerwartung kann in diesem Fall folgendermaßen beschrieben werden: „*Obwohl* ich mir Mühe gegeben habe, meine musikgeschmackliche Voreingenommenheit zu überwinden und *obwohl* ich Dir, mein Freund, gerne den Gefallen einer Zuwendung zu der von Dir präferierten Musik machen würde, *muss ich sagen:* es gefällt mir nicht".
– Für die Kreuzfahrtbeispiele lassen sich leicht die Gegenerwartungen des jeweiligen Urteils formulieren.

- Das durch *ich muss sagen* angekündigte Urteil gewinnt also an Bedeutung und Tragkraft. Die Möglichkeit, es könne sich um ein voreiliges, unüberlegtes oder einer bornierten Engstirnigkeit geschuldetes Urteil handeln, ist durch die Formulierung ausgeschlossen. Es handelt sich ja gerade um ein Urteil, das *gegen* konkurrierende Aspekte und insofern wohlüberlegt ausgesprochen wird. Nehmen wir wieder das Jazz-Beispiel: einmal (Fall a) gibt sich der Sprecher als erfahrungsoffener Mensch, der sich gegen seine Vorurteile beeindrucken lässt, das andere Mal (Fall b) entgeht seine ablehnende Haltung dem Vorwurf der Ignoranz. Er ist ja zu dem Konzert gegangen und hat den Zugang zu dieser Musik nicht von vornherein negiert.

Die damit vorgenommene Rekonstruktion der Textbedeutung auf der Ebene der Lesartenbildung kommt zu dem Ergebnis, dass die Formulierung *ich muss sagen* die ihr folgende Aussage als wohlüberlegtes und gut geprüftes Urteil stilisiert.

> ➔ Die Lesart sagt noch nichts über den konkret vorliegenden Fall aus. Erst durch die Konfrontation mit dem Kontext, in dem die Äußerung steht, lässt sich, von der Explikation der Bedeutung des Textes ausgehend, die Besonderheit der vorliegenden *Fallstruktur* erschließen.

Konfrontation mit dem tatsächlichen Äußerungskontext

Die Äußerung steht in dem Kontext der Interview-Frage nach *Stellenwert* und *Wichtigkeit* der *Bewertung* und *Beurteilung*. Aus dieser Perspektive ergeben sich keine neuen Aspekte. Wir können nur sagen, dass der befragte Lehrer seine Meinung zum Thema als wohlüberlegtes Urteil rahmt. Darin können wir nun ein augenfälliges Passungsverhältnis zu dem Ehrerweis und der Verbeugung, die der Interviewer vorgenommen hat (*viele Jahre... mit viel Kraft und Ausdauer*) sehen. Der Interviewee weist also das in der Schmeichelei des Interviewers unterstellte Bild vom Lehrerberuf *nicht* zurück, sondern nimmt diese Sichtweise auf. Es lässt sich also eine Strukturhomologie zwischen Frage und Antwort beobachten. Wenn wir oben angesichts der Interviewerfrage von einer *Heroisierung des Lehrerberufs* gesprochen haben, so können wir hier eine erste, an dieser Stelle *riskante Hypothese zur Fallstruktur* formulieren.

Erste Hypothese zur Fallstruktur

Die hier artikulierte Berufsauffassung neigt zu einer Heroisierung des Lehrerberufs dergestalt, dass die Unterstellung des Vorliegens einer inneren Prüfung und Abwägung eher die Problematik des beruflichen Handlungsfeldes unterstreicht. Wie immer die Berufsanforderung von der Sache her beurteilt werden mag; der Proband wählt die Option, den Beruf als schwierig erscheinen zu lassen.

> → Zentral für die Textinterpretation ist es, möglichst früh möglichst riskante, d.h. folgenreiche Fallhypothesen zu generieren. Damit erst eröffnet sich die Chance einer gehaltvollen Falsifikation oder eines – die Schroffheit des ersten Zugriffs begrifflich aufhebenden – kumulativen Fortschritts der Rekonstruktion der Fallstruktur. Erfahrungsgemäß ist die Neigung zur Zurückhaltung und die Angst vor „unhaltbaren" Hypothesen hier sehr groß. Dieses forschungspsychologische Hemmnis ist dem Fortschritt der Analyse abträglich. Die Chance einer prägnanten Fallrekonstruktion bleibt ungenutzt. Umgekehrt können wir methodisch darauf vertrauen, dass der Fall selbst die Korrektur oder Falsifikation erzwingt, wenn wir ihn bloß weiterhin sequenzanalytisch zu Wort kommen lassen.

Weiter im Text:

L: *[Ich muss sagen], das ist eigentlich die entscheidende Frage dabei.*

Geschichte

e) Im Kontext der aktuellen politischen Diskussion des Ausstiegs aus der Kernenergie wäre beispielsweise folgender Dialog vorstellbar. Ein Politiker oder Experte wird, nachdem andere Aspekte des Ausstiegs thematisch waren, gefragt: „Und in welchem Zeitraum stellen Sie sich den Ausstieg aus der Kernenergie vor?" Antwort: „Ich muss sagen, *das ist eigentlich die entscheidende Frage dabei*".

Lesartenbildung

Die Unterstellungen der Antwort sind folgende:
- Die anderen Dimensionen sind nicht so wichtig wie die zeitliche (*entscheidend*). Über den Ausstieg zu diskutieren hat nur dann Sinn, wenn man die zeitliche Dimension berücksichtigt.
- Die anderen Dimensionen werden tendenziell überbewertet. Aber *eigentlich* ist die zeitliche Frage die wichtige. Vermeintlich und fälschlicherweise erscheinen beispielsweise Fragen nach Kosten, Umweltrisiken etc. als die entscheidenden. *Eigentlich* aber ist die Frage nach dem *Zeitpunkt* des Ausstiegs – entgegen weitverbreiteter Meinung – die entscheidende.

Der zu interpretierende Text setzt also voraus, dass eine Frage vorliegt, die hinreichend spezifiziert ist, um als *entscheidend* angesehen werden zu können. Gleichzeitig müssen alternative Fragemöglichkeiten gegeben sein, die nicht oder nicht so entscheidend sind. Die *entscheidende Frage* erscheint im Text als *eigentliche*. Das heißt, dass die alternativen Fragemöglichkeiten nicht nur nicht die entscheidenden sind, sondern auch die uneigentlichen. Die uneigentlichen Fragen sind diejenigen, die nur *scheinbar* wichtig sind.

Die Äußerung: *das ist eigentlich die entscheidende Frage dabei* setzt zugleich voraus, dass das Thema *bedeutsam* ist. Die Thematisierung trivialer oder alltäglicher Begebenheiten kann auf diese Weise nicht vorgenommen werden.

Kontrastierende Geschichte

Die Behauptung der Bedeutsamkeitsunterstellung kann interpretativ dadurch gestützt werden, dass wir eine Geschichte erzählen, für die diese Unterstellung *nicht* zutrifft:

f) Die Frage: „Welchen Film wollen wir uns denn morgen anschauen" wird beantwortet mit der Bemerkung: „Das ist eigentlich die entscheidende Frage dabei".

Diese Bemerkung käme uns ausgesprochen merkwürdig und im Kontext der Geschichte unpassend vor. Allerdings ist sie sachlich nicht unsinnig. Tatsächlich kann der Standpunkt, dass nicht so sehr die Frage des Kinobesuchs, sondern vielmehr die Frage, welchen Film man sich anschauen mag, die *eigentliche* und *entscheidende* sei, unproblematisch eingenommen werden. Warum erscheint die Bemerkung dann dennoch als unpassend?

Zurück zur Lesartenbildung

Offensichtlich reicht es nicht aus, eine subjektive oder bloß situative Bedeutsamkeit anzunehmen. Die *eigentlich entscheidende Frage* verweist auf eine grundsätzliche, systematische oder substanzielle Bedeutsamkeit des jeweiligen Themas. Liegt eine solche Bedeutsamkeit nicht vor, das hat die kontrastierende Geschichte gezeigt, dann ist die Unterstellung einer *eigentlich entscheidenden Frage* inadäquat.

> ➔ Das *kontrastierende Gedankenexperiment* stellt ein wichtiges Mittel der Lesartenbildung dar. Es ist auf jeder Ebene und zu jedem Zeitpunkt der Analyse durchführbar. Es bietet sich vor allem bei der Suche nach bisher unkonturierten Bedeutungsdimensionen und zur Entscheidung bei dem Vorliegen strittiger Lesarten an.

Konfrontation mit dem tatsächlichen Äußerungskontext

Der Kontext, in den die gerade interpretierte Textstelle eingebettet ist, ist nunmehr differenzierter zu betrachten, als wir dies oben getan haben. Es liegt jetzt nämlich nicht nur ein *äußerer Kontext* vor, auf dem wir die Textbedeutung abbilden können, sondern auch ein *innerer Kontext der sequenziellen Textentfaltung*. Dem gerade interpretierten Textausschnitt (*das ist eigentlich die entscheidende Frage dabei*) geht ja ein Text voran, der ebenfalls schon einer extensiven Feinanalyse unterzogen worden ist (*Ich muss sagen*). Diese vorangegangene *und* interpretierte Sequenz bildet den inneren Kontext der darauf folgenden Textsequenz. Die Beachtung dieses inneren Kontextes ist von zentraler Bedeutung für die Operation der Fallrekonstruktion im Sinne der Explikation der Besonderheit der Strukturlogik des konkreten Falles.

> ➔ Eine Grundoperation der *sequenzanalytischen* Fallrekonstruktion besteht darin, die Bedeutungsstruktur des Textes der aktuell interpretierten Sequenzposition nicht isoliert stehen zu lassen, sondern sie in Beziehung zu setzen zu dem vorangegangenen, interpretierten Text, d.h. sie in Beziehung zu setzten zu der bisher interpretatorisch entfalteten Fallstruktur.

Konfrontation mit dem inneren Kontext

Als innerer Kontext gilt nun also die Bedeutungsstruktur des Textausschnitts: *ich muss sagen*. Nach der gerade vorgenommenen Interpretation des darauf folgenden Textes: *das ist eigentlich die entscheidende Frage dabei*, können wir ein ausgesprochen konsistentes textlogisches Passungsverhältnis feststellen. Die vorgenommene Verschwiegerung des Lehrerberufs und die Ankündigung eines wohlgeprüften Urteils durch den Interviewee wird durch die Behauptung, dass es im Folgenden um die *eigentlich entscheidende Frage* gehe, sinnlogisch konsequent fortgeführt. Wir haben gesagt, dass die *eigentlich entscheidende Frage* von grundsätzlicher Wichtigkeit ist und dass häufig und irrtümlich andere Aspekte als wichtiger erachtet werden. Diese Prätentionen, die das Urteil des Probanden in Anspruch nehmen muss, sind tatsächlich ein adäquater Gegenstand für eine wohlüberlegte Prüfung. In der Logik der Geschichten a) und c) kann der Text folgendermaßen umschrieben werden: „Obwohl ich die Sache selbst lange Zeit anders gesehen habe, bin ich nun zu dem Schluss gekommen, dass ich mich geirrt habe. Die *eigentlich entscheidende Frage* ist anders gelagert."

Haben wir oben zunächst noch sehr unbeholfen und vorläufig von der Logik der Verschwiegerung und Heroisierung gesprochen, so können wir nun unter Berücksichtigung der Sequenzdynamik Präzisierungen vornehmen. In dem Horizont einer Schwierigkeit des gesamten Berufsfeldes fügt der Textausschnitt, der die *eigentlich entscheidende Frage* behauptet, eine interessante Dimension ein: in der Regel, so die textliche Unterstellung, wird die *eigentlich entscheidende Frage* als solche nicht erkannt. Irrtümlicherweise halten andere, d.h. Lehrer-Kollegen, die vom Interviewee anvisierte Frage für unerheblich oder doch mindestens für nicht so wichtig. Das Eigentliche des Lehrerberufs, so die textliche Unterstellung, erschließt sich dem Gros der Kollegen *nicht*. Die Heroisierung, von der wir gesprochen haben, bezieht sich also nicht auf den Berufsstand, sondern auf „rühmliche Ausnahmen".

> *Erweiterung der ersten Fallstrukturhypothese*
> Der Text steuert nicht die Logik der veralltäglichten Berufsleistung einer schwierigen beruflichen Handlungsanforderung an, sondern das im Text enthaltene implizite Berufsbild ist das eines *beruflichen Virtuosentums*.

Konfrontation mit dem äußeren Kontext

Nachdem die Fallstrukturhypothese soweit formuliert ist, erscheint die Reaktion des Probanden auf die Interview-Frage in neuem Licht. Dort wurde ja diejenige *Frage*, die die *eigentlich entscheidende* ist, aufgeworfen. Das Lob, das der Interviewer dem Interviewten zuteil werden ließ (*viele Jahre mit viel Kraft und Ausdauer*), gibt letzterer zurück. Nicht nur er selbst gehört zu den Lehrervirtuosen, sondern auch der Interviewer. Damit erhalten die Äußerungen eine Tendenz der Vergemeinschaftung der Berufsvirtuosen bzw. eine Vergewisserung der beruflichen Ausnahmestellung durch die wechselseitige Zuschreibung dieser Ausnahmestellung. Die Bereitwilligkeit und Zielstrebigkeit, mit der der Lehrer das in der Interview-Frage enthaltene Angebot eines spezifischen Berufsbildes aufgreift und in eine Logik der Vergemeinschaftung der außerordentlichen Lehrer umsetzt, trägt keine Züge einer eitlen Abgrenzung. Die Berufsvirtuosität führt nicht zu dem Streit um die Frage, wer ist nun der beste Lehrer. Sie enthält kein kompetitives Element. Vielmehr ist hier eine Vergemeinschaftungsbewegung zu beobachten, die, so scheint es, die prätendierte Herausgehobenheit erst stützt in der Logik des wechselseitigen Schulterklopfens.

Der Aspekt der inhaltlichen Kontextuierung der bisher interpretierten Textsequenz ist bisher unberücksichtigt geblieben: *welche* Frage ist inhaltlich die eigentlich entscheidende? Zur Erinnerung die Interview-Frage: *welchen Stellenwert, welche Wichtigkeit hat für dich das Bewerten, das Beurteilen im Unterricht*. Wir haben oben gesagt, dass die Frage ein großes Spektrum von Antwortmöglichkeiten eröffnet. Sie ist sehr unspezifisch. Inhaltlich auffällig ist allenfalls, dass zwar die eher technischen Aspekte, die mit der Leistungsbewertung zusammenhängen, nicht ausgeschlossen sind, aber doch in den Hintergrund treten. Vielleicht bezieht sich hierauf der Interviewee, wenn er in dieser Frage die *eigentlich entscheidende* sieht. Diese Bezugnahme ist aber nicht selbstevident. Die zumindest auf den ersten Blick relativ diffus erscheinende Frage versteht er unmittelbar als ausgesprochen klar und thematisch enggeführt: die inhaltlich weite und offene Frage wird als die entscheidende angesehen. Es scheint, dass der Aspekt der vergemeinschaftenden Zustimmung hier eine größere Rolle spielt als derjenige Aspekt, der der Zustimmung inhaltlich erst zu Grunde liegt.

> *Präzisierung der erweiterten Fallstrukturhypothese*
> Die Berufsvirtuosität erscheint in der Logik der Vergemeinschaftung im Sinne der wechselseitigen Bescheinigung und Vergewisserung der beruflichen Herausgehobenheit.

Weiter im Text:

L: [Ich muss sagen, das ist eigentlich die entscheidende Frage dabei.] Warum?

Bei der Interpretation des *warum* wollen wir nun darauf verzichten, die drei Interpretationsschritte: *Geschichten, Lesarten* und *Fallstruktur* getrennt auszuweisen und einen direkteren interpretatorischen Zugriff versuchen.

Offensichtlich handelt es sich um eine rhetorische Frage. Der Sprecher stellt diese Frage gleichsam stellvertretend für den Interviewer. Dabei wird notwendig in Anspruch genommen, dass der Beantwortung der Warum-Frage und damit auch der Sichtweise des Sprechers eine hohe Bedeutsamkeit zukommt. Des Weiteren und mit der thematischen Bedeutsamkeit zusammenhängend setzt die rhetorische Frage eine Erklärungsbedürftigkeit voraus. Wie schon die vorangegangene Sequenz würde auch die rhetorische Warum-Frage nicht in das Beispiel der Kinogeschichte (f) passen und in diesem Kontext geradezu lächerlich wirken.

Aus dieser Überlegung können wir den Schluss ziehen, dass das *warum* die bisherige Interpretation der Äußerung des Probanden unterstreicht. Wichtigkeit und Erklärungsbedürftigkeit werden zugespitzt.

> → Das interpretatorische Vorgehen muss nicht notwendig den Dreischritt *Geschichten, Lesarten, Fallstruktur* im Einzelnen ausweisen. Es folgt ihm aber der Sache nach. Eine Kritik der Interpretation muss zu dem Dreischritt zurückkommen. Jede Lesartenstrittigkeit lässt sich auf die Frage zurückführen, ob ein Text in einem gedankenexperimentellen Kontext eine wohlgeformte Äußerung darstellt.

Möglichkeiten der Fortschreibung

Durch das rhetorische *warum* ist der Horizont der Thematisierungsmöglichkeiten der folgenden Textsequenz stark eingeschränkt worden. Nun kann, wenn die Sequenz sich bruchlos fortschreiben will, nur eine Erklärung des artikulierten Standpunktes erfolgen mit dem Anspruch bündiger Präzisierung. Eine weit ausgreifende, nach thematischen Zentraldimensionen suchende Erzählung ist ausgeschlossen. Der Proband hat sich damit unter einen beachtlichen Explikations- und Präzisionsdruck gesetzt.

> ➔ Jede sequenzanalytische Textinterpretation stellt auch eine Antwort auf die Frage nach Möglichkeiten der Fortschreibung des Textes dar. Die ausdrückliche Thematisierung dieser Frage ist ein Mittel der Explikation von Bedeutungsdimensionen. Vergleichbar dem Mittel des *kontrastierenden Gedankenexperiments* verhilft es zur Konturierung und Präzisierung von Lesarten.

2.3 Die Interpretation wird komplex: Analyse von Textelementen und ihre Zusammenführung

[Ich muss sagen, das ist eigentlich die entscheidende Frage dabei. Warum?]
Weil man einen Schüler mit einer Bewertung stimulieren kann [oder vernichten kann].

Schon der erste Blick auf den neu hinzugekommenen Textausschnitt lässt erahnen, dass hier ein ausgesprochen komplexes und fallspezifisches Textgebilde vorliegt. Die bisher interpretierte Textsequenz war uns insofern vertraut, als sie von dem Eindruck begleitet war, dieselbe oder doch fast identische Äußerungen schon oft gehört zu haben. Deshalb war es auch umstandslos möglich, sehr viele Kontexte zu formulieren, in denen diese Äußerung anzutreffen sein könnte.

Das gilt für die aktuelle Textsequenz nicht mehr. Wir stehen hier vor einer sehr spezifischen Form der Thematisierung des *Stellenwerts* und der *Wichtigkeit* des *Bewertens* und *Beurteilens im Unterricht*. M.a.W.: Wenn wir versuchen, eine Geschichte zu erzählen, so müssen wir den gedankenexperimentellen Kontext dieser Geschichte derart einengen, dass es die Geschichte des vorliegenden Falles selbst ist, die wir erzählen. Es hätte also keinen Sinn, das Interpretationsmittel des Geschichtenerzählens auf die neue Textsequenz als Ganze anzuwenden. Statt dessen müssen wir uns darauf beschränken, die Bedeutung einzelner Textelemente unter Rückgriff auf Geschichten im Sinne gedankenexperimenteller Konstruktionen zu klären.

> ➔ Das Geschichtenerzählen muss nicht die ausgewählte Textsequenz in Gänze betreffen. Die Operation kann sich auch – und das ist eher die Regel, als die Ausnahme – auf einzelne Textpartikel beziehen.

Damit hängt auch ein Problem zusammen, das sich aus dem sequenzanalytischen Vorgehen ergibt. Wir haben einen Sequenzausschnitt festgelegt, der derart informationshaltig ist, dass eine fallunspezifische Geschichte nicht mehr erzählt werden kann. Warum wählen wir dann nicht einen kleineren Sequenzausschnitt? Offensichtlich wäre es hier sehr aufwendig, erst einmal die Bedeutung einer kleineren Sequenz zu erschließen. Würden wir beispielsweise erst einmal nur den Text: *Weil man einen Schüler* interpretieren, könnten wir zwar viele Geschichten erzählen. Ich vermute aber, dass dieses Vorgehen sehr aufwendig wäre, *ohne* dass es zu einer Erschließung der Fallstruktur beitragen würde.

Deshalb wählen wir eine Sequenz aus, die uns dazu zwingt, textliche Interpretationseinheiten analytisch herauszupräparieren. Erst wenn diese Analyseelemente zusammengetragen sind, können wir in einer Synthese der Einzelbefunde die Sequenz als Ganze würdigen.

> → Das Prinzip der Sequenzanalyse verlangt nicht die interpretationstechnische Einhaltung des bloß zeitlichen Nacheinander von Textelementen. Das interpretatorische Vorgehen in Abarbeitung der Wort-für-Wort-Abfolge ist die Ausnahme. Das Prinzip der Sequenzanalyse verlangt aber unbedingt, dass nach einer analytischen, gleichsam entsequenzialisierten Interpretation die Bedeutungsexplikationen wieder in die Sequenzlogik eingesetzt werden.

Zur Feinanalyse

Der Gang der folgenden Analyse wird nacheinander folgende Textelemente interpretieren: *(1) Bewertung, (2) man kann mit einer Bewertung, (3) stimulieren, (4) weil man einen Schüler mit einer Bewertung stimulieren kann, (5) weil man einen Schüler mit einer Bewertung stimulieren kann oder vernichten kann.* Im letzten Schritt wird zugleich die Synthese der Einzelinterpretationen formuliert.

(1) Bewertung

Der erste auffällige und sinnlogisch folgenreiche Textverweis besteht darin, dass der Interviewee von *Bewertung* spricht. Damit greift er einen Terminus auf, der schon in der Interview-Frage vorgekommen ist. Dort war aber nicht nur von *Bewerten*, sondern auch von *Beurteilen* die Rede. Wir können also nicht davon ausgehen, dass sich in dem Sprachgebrauch ein bloßer Reflex auf die Interview-Frage Ausdruck verschafft. Wir haben oben schon gesagt, dass die Frage des Interviewers sehr offen gestaltet ist. Ohne Probleme hätte der Interviewee hier die Vorgabe *Bewertung/Beurteilung* in seiner Antwort in *Note* umwandeln können: *Weil man einen Schüler mit einer Note stimulieren kann.*

> → *Ersetzungstests* verdeutlichen die Besonderheit einer Textbedeutung. Ersetzungstests folgen der gedanklichen Operation des *kontrastierenden Gedankenexperiments*. Letzteres formuliert einen Kontext, in dem der Text eine inadäquate Äußerung darstellen würde. Ersetzungstests stellen Textalternativen vor, die motivierte Abweichungen zu dem tatsächlich vorliegenden Fall aufzeigen.
> → Beide Operationen tragen zur Klärung der Besonderheit eines Falles bei, indem sie explizieren, *was der Fall nicht ist.*

Worin liegt die spezifische Differenz, auf die uns der soeben vorgenommene Ersetzungstest aufmerksam macht? Worin unterscheidet sich die Rede von *Note (Benotung)* und *Bewertung*? Um die Besonderheit des hier vorliegenden Sprachgebrauchs deutlich zu machen, um also die Fallstruktur genauer in den Blick zu nehmen durch die Operation der Klärung, was der Fall *nicht* ist, können wir weitere gedankenexperimentelle Ersetzungstests durchführen. Der Interviewee hat mit dem Begriff *Bewertung* nicht nur die Begriffe *Note* oder *Benotung* vermieden, er hat auch nicht von *Leistungsbewertung* oder *Leistungsbeurteilung* gesprochen. Alle diese Optionen, die der Fall *nicht* gewählt hat, haben gemeinsam, dass sie die schulische Bewertungshandlung des Lehrers *eingrenzen*. Sie orientieren sich, so kann man mit Parsons sagen (vgl. Kap. IV 1.1), an einem funktional spezifischen, universalistischen Leistungsmuster. Sie beziehen sich weder auf die (ganze) Person des Schülers noch enthalten sie idealiter einen subjektiven Standpunkt des Lehrers. Es ist nun genau diese Logik der Begrenzung des Bewertungshandelns, der das vorliegende Protokoll *nicht* folgt.

> *Hypothese zur Fallstruktur:*
> Der Text vermeidet die Logik der Begrenzung der schulischen Leistungsbewertung. Diese Vermeidung verweist auf eine *Entgrenzungsbewegung*.

(2) man kann mit einer Bewertung

Dieses Entgrenzungsmotiv findet sich in der Konstruktion des Handlungssubjekts des Satzes wieder. Es ist nicht die *Bewertung*, die eine bestimmte Folge bei den Schülern zeitigen kann, sondern es sind die Lehrer (*man*), die eine *Bewertung* als Instrument für etwas einsetzen können. Das Instrument der *Bewertung* verleiht also, so die textliche Unterstellung, den Lehrern die Macht, die später beschriebenen Folgen (*stimulieren/vernichten*) bei den Schülern herbeizuführen. Ein Entgrenzungsmotiv ist hier deshalb zu sehen, weil die Wirkungsmacht der *Bewertung* nicht in der schulischen Leistungsmessung als solcher gegeben ist und damit nicht an die Eigenschaft der Institution Schule gebunden ist, sondern weil diese Folgen in die Willkür und subjektive Handlungsmacht des Lehrers gelegt sind: Wer mit einem bestimmten Instrument eine bestimmte Folge erzielen kann, kann es auch lassen!

(3) stimulieren

Worin besteht nun die Handlungsmacht des Lehrers, die ihm durch das Instrument der *Bewertung* zukommt? Er kann *einen Schüler stimulieren oder vernichten*. Offensichtlich ist hier ein positiv/negativ-Schema benannt im Sinne von: *Sekt oder Selters*.
 Betrachten wir zuerst den positiven Pol: *stimulieren*.

Geschichten und Lesarten

g) Bei vielen Menschen wirkt Alkohol stimulierend.
h) Von Aphrodisiaka versprechen sich die Menschen eine stimulierende Wirkung.

Die beiden Sätze könnten einer Fernsehreportage entstammen. Beide Male ist eine instrumentelle Erzeugung einer mit einer Enthemmung verbundenen Erregung thematisch. Von der stimulierenden Wirkung von Alkohol zu sprechen impliziert die Herstellung eines Zustands freudiger Ausgelassenheit, der prinzipiell unabhängig von der Stimulationsquelle Alkohol gedacht ist. Dasselbe gilt für die sexuelle Erregung.

Interessant hierbei ist, dass die „Stimuliertheit" als solche, die in den Beispielen angesprochen ist, das fröhlich-ausgelassene Feiern und die sexuelle Ekstase, selbst nicht als *stimulierend* bezeichnet werden können. Die Stimulation, wie sie in diesen Geschichten auftritt, ist sich nicht Selbstzweck, sondern erscheint als Mittel, einen Zustand der Erregung und Enthemmung herbeizuführen.

i) Der Eindruck der Küstenlandschaft wirkt auf meine Bilder sehr stimulierend.
j) Das Herbstlaub stimuliert meine Komposition.

Diese beiden Beispiele scheinen nicht zufällig im Bereich künstlerischen Handelns angesiedelt zu sein. In beiden Fällen ist von einem Naturerlebnis die Rede. Dieses Erlebnis hat Auswirkungen auf die künstlerische Produktion. Wir haben es gleichsam mit Erregungen und Enthemmungen in künstlerisch-sublimierter Gestalt zu tun. Es wird nämlich unterstellt, dass die Herbststimmung das Gemüt erregt und von dort aus den Schaffensprozess *stimuliert*. Insofern geht in die beiden Beispiele eine *spezifische* Interpretation der ästhetischen Produktion ein. Künstler, die sich in der dargestellten Weise äußerten, würden nämlich ihren Schaffensprozess auf den Zustand der enthemmten Erregung zurückführen; ein recht eigentümliches und unwahrscheinliches, in sich erklärungsbedürftiges ästhetisches Selbstverständnis. Deshalb können die Beispiele i) und j) nicht als passende Kontexte der Verwendung des Verbs *stimulieren* angesehen werden. Wir würden in dem künstlerischen Kontext eher erwarten, dass von *anregen* oder *inspirieren* gesprochen wird.

> ➔ Beispielgeschichten, in denen der zu interpretierende Text (hier das Verb *stimulieren*) zwar vorstellbar ist, aber kein unmittelbares Passungsverhältnis zeigt, haben nur dann einen explikativen Stellenwert, wenn geklärt werden kann, worin die angetroffene sinnlogische Verwerfung besteht; warum das Beispiel uns als mehr oder weniger unpassend erscheint. Sie dürfen nicht unmittelbar in die Lesartenbildung eingehen.

(4) Weil man einen Schüler mit einer Bewertung stimulieren kann

Die Geschichten verdeutlichen, dass die Verwendung des Verbs *stimulieren* auf einen Erregungs- und Enthemmungsvorgang verweist. Setzten wir etwa die Geschichte g) in den Zusammenhang der Interview-Äußerung, so hätte der Proband Folgendes sagen können: *Bei vielen Schülern wirkt eine positive Bewertung stimulierend.* Dieser Ersetzungstest zeigt uns unmittelbar an, dass die tatsächlich gewählte Äußerungsform einen auffälligen Gebrauch des Verbs darstellt. Noch deutlicher wird dies, wenn wir in einem weiteren Ersetzungstest die im Interview vorfindliche Form in die Alkohol-Geschichte einbauen: *Weil man Menschen mit Alkohol stimulieren kann.*

Die Differenz besteht darin, dass in den gedankenexperimentellen Beispielgeschichten der Verursacher der Stimulierung *keine Person ist*. *Alkohol*, *Aphrodisiaka*, *Küstenlandschaft* und *Herbstlaub* sind hier für die Stimulierung verantwortlich gemacht. Ganz anders im Interview: hier ist es der Sprecher selbst (als Teil der Berufsgruppe der Lehrer, die im Text mit *man* bezeichnet ist), der – unter Benutzung des „Stimulationsmittels" der *Bewertung* – die Stimulation vornimmt.

Erweiterung der Fallstrukturhypothese

Wir haben oben schon von einer Logik der Entgrenzung im Sinne einer textlich eingerichteten Handlungsmacht des Lehrers gesprochen. Diese Logik gewinnt nun spezifische Kontur. Der Lehrer selbst erscheint als Verursacher einer enthemmenden Erregung des Schülers. Damit ist der Inhalt der Entgrenzungsbewegung charakterisiert. Der Lehrer rückt sich in ein entdistanziertes, quasi-erotisches Verhältnis zum Schüler. Thematisch ist hier aber nicht die personalisierte Lehrer-Schüler-Beziehung, sondern ein manipulatorisch-instrumenteller Zugriff auf den Schüler. Der Lehrer kann, wenn er will, das Instrument der *Bewertung* als ein stimulierendes Mittel einsetzen. Der Schüler ist diesem Zugriff, so die Unterstellung des Interviewtextes, hilflos ausgeliefert. Die *Entgrenzungslogik*, die sich hier artikuliert, folgt also dem Modell des *Missbrauchs*.

---

(5) Weil man einen Schüler mit einer Bewertung stimulieren kann oder vernichten kann.

Dem *stimulieren* steht das *vernichten* entgegen. Dem Instrument der Bewertung wird hier eine existenzielle Kraft zugeschrieben. Das textsequenzielle Passungsverhältnis besteht in der entgrenzenden Behauptung einer Allmacht. Auf der Seite des negativen Pols äußert sich diese Allmacht explizit und unverstellt: *vernichten*.

Interessant hierbei ist die polare Konstellation als solche. Die Logik der Textkonstruktion kann folgendermaßen umschrieben werden: *Das Bewer-*

tungsproblem ist die eigentlich entscheidende Frage, weil die Bewertung nicht nur positive, sondern auch negative Folgen zeitigen kann.

Geschichten

k) „Wie bewerten sie das Verhältnis von Chancen und Risiken der Atomenergie?" Antwort: „Ich muss sagen, das ist eigentlich die entscheidende Frage dabei. Warum? *Weil man* die Menschheit mit Kernenergie retten kann oder vernichten kann."

l) „Wie bewerten sie das Verhältnis von Chancen und Risiken der Atomenergie?" Antwort: „Ich muss sagen, das ist eigentlich die entscheidende Frage dabei. Warum? *Weil die Kernenergie* die Menschheit retten kann oder vernichten kann."

Lesart und Fallstruktur

Bestünden keine negativen Folgen, läge auch kein Problem vor und mithin auch keine *eigentlich entscheidende Frage.*

Die Differenz der beiden Geschichten (k) und (l) haben wir schon unter (2) thematisiert. Im Beispiel (l) liegt das Problem der Kernenergie in ihren unkontrollierbaren technischen Risiken begründet. Im Beispiel (k) dagegen ist ein Risiko der menschlichen Handlung, ein *Missbrauchsrisiko* also, angesprochen. Die Variante (k) entspricht dem Interviewtext. Hier ist die Option der Vernichtung keine unmittelbare Folge der *Bewertung*, sondern eine Folge eines *möglichen Einsatzes der Bewertung*. Der Lehrer ist nicht gefeit davor, den Schüler mit Hilfe der *Bewertung* zu *vernichten*. Die Vernichtung des Schülers ist keine unmittelbare Folge der *Bewertung*, sondern die Folge des *missbräuchlichen Einsatzes* dieses ansonsten segenspendenden Mittels.

Forschungs-psychologischer Kommentar

Spätestens an dieser Stelle hat das objektiv-hermeneutische Vorgehen mit einem Einwand zu rechnen: Ist es hier wirklich gerechtfertigt, von einer Logik des Missbrauchs zu sprechen? Der interviewte Lehrer habe seine Äußerungen sicherlich nicht so verstanden, wie hier interpretiert, er habe sicherlich etwas ganz anderes gemeint. Bei genauerem Hinsehen stört sich dieser Einwand nicht am methodischen Vorgehen der auf die latente Sinnstrukrur zielenden wörtlichen Interpretation, sondern an dem *Ergebnis* dieser Interpretation. Unerhört, unser sittliches Empfinden kränkend und jeglicher pädagogischen Berufsethik widersprechend, sind nicht die Interpretationsprinzipien, sondern die Schlussfolgerungen, zu denen diese Prinzipien im vorliegenden Fall führen. Einerseits empört uns die Logik des Missbrauchs, zumal im pädagogischen Kontext, andererseits empört uns die Dreistigkeit der Interpretation, diese Logik dem Fall – nur weil der Lehrer seine Worte so und nicht anders gewählt hat – zu unterstellen.

Es sind genau diese Interpretationsergebnisse, die häufig dazu Anlass geben, das methodische Vorgehen der Objektiven Hermeneutik zu verlassen. Der Lehrer habe das doch nur so gesagt, er habe eigentlich *motivieren* sagen wollen, dann sei ihm das Fremdwort nicht eingefallen, er habe aber weiter nach einem Fremdwort gesucht und ihm sei dann *stimulieren* eingefallen. Man könne also schlichtweg den Text nicht beim Wort nehmen.

Der forschungspsychologische „Widerstand", der sich in solchen Einwänden artikuliert, ist deshalb forschungslogisch besonders hinderlich, weil er ausgerechnet an sehr gehaltvollen, die Fallrekonstruktion voran bringenden Textsequenzen erfolgt. Gibt man diesem Widerstand nach, so führt das also nicht zu einem kleinen, auf der Folie der Gesamtinterpretation zu vernachlässigenden Fehler (jede Interpretation ist natürlich gespickt mit kleinen Fehlern), sondern man verschenkt damit die Bildung einer falladäquaten Strukturrekonstruktion überhaupt.

> → Textteile, bei denen wir die Tendenz verspüren, sie aus einem *ethisch* gefärbten Motiv heraus nicht wörtlich zu nehmen, verdienen die ganze Akribie und methodische Strenge der Interpretationsprozedur.

Sequenzanalytische Synthese der Interpretationselemente

Damit ergibt sich nun folgendes Bild. Der missbräuchliche Einsatz der Bewertung durch den Lehrer führt zur Vernichtung des Schülers. Der Einsatz der Bewertung zum Wohle des Schülers führt zu dessen Stimulierung. Wir haben es also mit einer textlogisch geschachtelten Bewegung der Missbrauchslogik zu tun. Die äußere Schale stellt sich her über die positiv/negativ-Gegenüberstellung von *stimulieren/vernichten*. Hier benennt die Negativdimension die Missbrauchsvariante. Darin eingebettet reproduziert sich die Logik des Missbrauchs aber auch in dem positiven Pol. Denn die inhaltliche Füllung der positiven Option beschreibt, wie gezeigt, den manipulatorisch-distanzlosen Zugriff auf die Schüler. Die Unausweichlichkeit dieser Hermetik sollte nun deutlich vor Augen stehen: die Vermeidung der missbräuchlichen Bewertung des Schülers, die Vermeidung seiner *Vernichtung*, führt direkt und unweigerlich zum Missbrauch des Schülers, nämlich zu seiner *Stimulierung*.

Sequenzlogisch haben wir damit den Zielpunkt der in dem Gebrauch des Terminus *Bewertung* schon enthaltenen und sich andeutenden Entgrenzungsbewegung verortet. Die volle Tragweite dieser Entgrenzung – statt von *Leistungsbewertung* von *Bewertung* zu sprechen – wird nun erst deutlich. Das Verlassen des schulisch-institutionellen Orientierungsrahmens wird nämlich durch die Logik des Missbrauchs positiv gefüllt.

Damit hat sich auch die fallspezifisch vorliegende Strukturlogik soweit verdichtet, dass wir nunmehr von einer *methodisch gesicherten Fallstrukturgesetzlichkeit* sprechen können. Die Elemente der gesamten bisher vorgenommenen Interpretation erscheinen unter der Perspektive ihres sequenziellen Fortschreitens als bruchlos motivierte Bewegung auf die rekonstruierte Fallstrukturgesetzlichkeit hin. In der Gesamtschau der Sequenz verweisen die Motive der Heroisierung eines beruflichen Virtuosentums und der Verschwierigung des Berufsbildes auf die dann erfolgende materiale Füllung, die in der Artikulation des manipulatorisch-missbräuchlichen Zugriffs auf die Schüler erfolgt.

> ➔ Die Rekonstruktion einer Fallstrukturgesetzlichkeit ist dann abgeschlossen, wenn es gelingt, eine Textsequenz als motivierte Gestaltbildung zu fassen, ohne dass in dieser Sequenz mit der rekonstruierten Gestalt unvereinbare Sinnkonstellationen aufgetaucht sind.

2.4 Von der extensiven Feinanalyse zur Kurzüberprüfung

Unter Rückgriff auf die in extensiver Feinanalyse gewonnene Fallstrukturhypothese kann nun die Interpretation der folgenden Interviewsequenz gestrafft werden. Im Sinne der Sequenzanalyse ist der Blick auf das Datenmaterial nun nicht mehr „unvoreingenommen", sondern sehr spezifisch gerichtet. Die weitere Textinterpretation wird immer auf der Folie erfolgen: Bestätigt sich die Fallstrukturhypothese und kann sie präzisiert und konturiert werden oder widersetzt sich der Text der bisher gewonnenen Sicht?

Ich versuche also im Folgenden, die Interpretation zügiger voranzubringen. Auf das Mittel des Geschichtenerzählens werde ich, ebenso wie auf kontrastierende und ersetzende Gedankenexperimente, nur im Zweifelsfall zurückgreifen.

> ➔ Die Kurzinterpretation setzt das Vorliegen einer klar formulierten Fallstrukturhypothese voraus. Erst wenn diese als gesichert gelten kann, erst wenn wir dem Text eine Fallstrukturgesetzlichkeit abgewonnen haben, dürfen wir zur Kurzinterpretation übergehen.

L: [Ich muss sagen, das ist eigentlich die entscheidende Frage dabei. Warum? Weil man einen Schüler mit einer Bewertung stimulieren kann oder vernichten kann.] Ganz hart ausgedrückt. Deswegen ist es immer eine Frage, die man sich stellt, hast du wirklich versucht, objektiv zu bewerten, hast du wirklich den Schüler allseitig erfasst oder hast du eben etwas nicht gewusst und hast ihm dadurch eine andere Note zukommen lassen. Das ist entscheidend für mich. Weil eben, wie gesagt, man einen Schüler, durch die Bewertung beim Schüler einiges anrichten kann, negativ, aber auch positiv.

[Es folgt ein Kommentar des Interviewers]

Der Interviewee kommentiert zunächst seine zuvor getroffene Aussage: *Ganz hart ausgedrückt.* Diese Formulierung unterstellt, dass der Sprecher um die mögliche Entrüstung, die seine Aussage hervorruft, weiß. Damit ist eine Distanzierungsbewegung gegeben: *Ich hätte es auch anders ausdrücken können.* Die vorangegangene Äußerung wird damit als bewusst pointiert und provokativ gerahmt. Die damit angekündigte Möglichkeit einer „weicheren", weniger provokativen Ausdrucksweise erscheint im Lichte der bisherigen Fallrekonstruktion fragwürdig. Beziehen wir das *ganz hart ausgedrückt* nämlich auf die latente Sinnstruktur des vorausgegangenen Textes, dann stellt sich die Frage, ob der Text nun eine Abkehr von der Missbrauchslogik ankündigt oder ob er einen harmloseren Ausdruck für die nämliche Sinnstruktur anvisiert.

Deswegen ist es immer eine Frage, die man sich stellt, hast du wirklich versucht, objektiv zu bewerten, hast du wirklich den Schüler allseitig erfasst oder hast du eben etwas nicht gewusst und hast ihm dadurch eine andere Note zukommen lassen.

Diese Passage behandelt das Interviewthema unter einem völlig neuen Aspekt. Die *ganz hart ausgedrückte* Bedeutung der Bewertung führt zu einem beruflichen Dauerproblem (*immer eine Frage, die man sich stellt*). Die Bearbeitung dieses Problems erfolgt durch die Selbstprüfung: *hast du wirklich versucht, objektiv zu bewerten?* Der Interviewee wirft damit das Problem der Objektivität der Bewertung auf. Davon ist unsere obige Interpretation insofern tangiert, als das Problem, *objektiv zu bewerten,* die behauptete Entgrenzungsbewegung zurücknimmt. Denn der Objektivitätsbegriff begrenzt ja den Bewertungsakt. Und tatsächlich kann eine objektive Bewertung – was immer das sein mag – als Korrektiv einer entgrenzenden Missbrauchslogik angesehen werden. Welche Probleme die objektive Bewertung auch immer mit sich bringen wird, welche Folgen sie auch immer zeitigen kann; *Missbrauch* kann sie nicht darstellen.

Wir sehen damit deutlich, dass der Text eine Distanzierungsbewegung andeutet. Wie schwach und hilflos diese Bewegung ist, zeigt der Gebrauch des Verbs *versuchen.* Nicht die objektive Bewertung, sondern der *Versuch* der objektiven Bewertung wird als distanzierendes Korrektiv angeführt. Die Entgrenzungslogik kennt kein Korrektiv, außer den Versuch.

Zur Verdeutlichung und Absicherung der Interpretation eine Geschichte:

(m) Der Staatsanwalt ist im deutschen Strafrecht darauf verpflichtet, gleichermaßen be- und entlastende Momente zu berücksichtigen. Auf dieses Handlungsproblem in einem Interview angesprochen, könnte er antwor-

ten: *Deshalb ist es immer eine Frage, die man sich stellt, hast Du wirklich alle entlastenden Momente berücksichtigt.*
(n) Ein anderer Staatsanwalt sagt: *Deshalb ist es immer eine Frage, die man sich stellt, hast Du wirklich versucht, alle entlastenden Momente zu berücksichtigen.*

Der erste Staatsanwalt beruft sich auf das Korrektiv der adäquaten Sach- und Beweislage. Sind nämlich alle Entlastungsmomente berücksichtigt, dann ist der beruflichen Verpflichtung, entgegen der unterstellten Tendenz, ausschließlich *gegen* den Beschuldigten zu ermitteln, Genüge getan.

Der zweite Staatsanwalt beruft sich auf das Korrektiv einer *inneren Realität*. Darin ist zwar eine wirkliche Selbstprüfung zu sehen, aber auch eine erhebliche Selbstbezüglichkeit. Denn was nützt es dem Beschuldigten, dass der Staatsanwalt sich einer inneren Prüfung unterzieht, wenn er wichtige Entlastungsbeweise übersieht?

Diese Beispielgeschichten verweisen darauf, dass die Objektivitätskategorie, die L. als Korrektiv anführt, sogleich zu einem *inneren* Korrektiv moduliert wird. Die objektive Bewertung ist überprüfbar und kritisierbar. Der *Versuch*, objektiv zu bewerten entzieht sich der Kontrolle und Kritik. Das vermeintliche Korrektiv reproduziert selbst die Entgrenzungslogik, gegen die es angetreten ist.

Diese Interpretation findet in dem Textfortgang Bestätigung. Wie wird nämlich der Versuch, *objektiv zu bewerten*, erläutert? *...hast du wirklich den Schüler allseitig erfasst.*

Auf der Ebene der Aussageintention beruft sich der Text nun nicht, wie zu erwarten gewesen wäre, auf eine Vorstellung von objektiver Bewertung, die sich an der Aufrechterhaltung eines universalistischen Bewertungsmaßstabs orientiert. Völlig vertraut wäre die Deutung gewesen, das Problem der Objektivität bestehe darin, den subjektiven Faktor auszuschalten. Dagegen soll Objektivität hier heißen, dass sämtliche relevanten Dimensionen der Person des Schülers beachtet werden. Das ist nun – wohlbemerkt auf der Ebene der Textintention – eine ausgesprochen überraschende Verkehrung von Objektivität in Subjektivität.

Betrachten wir die sprachliche Realisierung genauer. Auffällig ist hier der Gebrauch des Verbs *erfasst*. Nur unter besonderen Umständen kann dieses Verb auf Menschen bezogen werden. Menschen können von einem Auto *erfasst* werden oder in einer Kartei *erfasst* sein. Dabei handelt es sich immer um einen „totalen" Zugriff. Der Autounfall reißt den Körper von den Beinen, und die Kartei führt umfängliche Informationen über die Person[26]. Dasselbe lässt sich von der Formulierung, *hast Du wirklich den Schüler allseitig erfasst,* sagen. Sie bringt einen „totalen", die Person unmittelbar betreffenden Zugriff zum Ausdruck.

---

26 Wäre dies nicht der Fall, wäre nicht „Hubert Müller" erfasst, sondern Daten über ihn erfasst!

Noch drastischer wird dieser Zugriff, wenn wir berücksichtigen, dass der Schüler hier von einer Person (vergleichbar dem Auto, das den Fußgänger erfasst) *erfasst* wird, nämlich von dem Lehrer.

...oder hast du eben etwas nicht gewusst und hast ihm dadurch eine andere Note zukommen lassen.

Nun scheint eine Versachlichung des Themas zu erfolgen. Es ist nicht von *erfassen*, sondern von *wissen* die Rede, von *Note*, statt von *Bewertung*. Offensichtlich will der Interviewee Folgendes sagen: „Wenn mir bestimmte Informationen über den Schüler fehlen, kann dies dazu führen, dass ich eine andere Note gebe, als wenn ich diese Informationen zur Verfügung gehabt hätte". Aber auch hier will der Distanzierungs- und Versachlichungsversuch nicht gelingen:

- Die Nüchternheit, die durch den Terminus *Note* eingeführt wird, wird sogleich dadurch zurückgenommen, dass der Lehrer die Note *zukommen lässt*, statt sie gemäß der erbrachten Leistung zu vergeben. Tatsächlich spricht L. weiterhin der Sache nach von *Bewertung*. Die Bewertungslogik erfasst nun aber auch die Notengebung, die als eigenständiges sachliches Korrektiv nicht mehr auftaucht.
- Gemeint ist unzweifelhaft der Umstand, dass die Leistung eines Schülers, ausgedrückt in der Note, durchaus in anderem Licht erscheinen kann, also anders *bewertet* werden kann, wenn z.B. eine besondere Situation des Schülers vorliegt. Wenn sich die Eltern gerade scheiden lassen, dann wird der Lehrer eine schlechte Note auf dem Hintergrund dieses Wissens würdigen. Er wird dem Schüler Mut zusprechen, er wird sich vielleicht in der Notenkonferenz dafür einsetzen, dass der Schüler versetzt wird und er wird vielleicht soweit gehen, eine Klassenarbeit bei der Festsetzung der Zeugnisnote nicht zu berücksichtigen. Das alles sind Varianten einer pädagogischen Permissivität. Etwas ganz anderes ist es, *eine andere Note zukommen zu lassen*. Damit ist der Rahmen der Benotung von Leistung schlichtweg zu Gunsten eines Willkürregimes verlassen.

Präzisierung der Fallstrukturhypothese

Die soeben interpretierte Sequenz bestätigt die bereits explizierte Strukturlogik einer Missbrauchsbewegung im Sinne einer manipulatorisch-distanzlosen Entgrenzungslogik. Sie hat dieser Gestalt Elemente hinzufügen können. Insbesondere der zuletzt genannte Aspekt der Willkürlichkeit unterstreicht und bereichert das bisher explizierte Bild.
Darüber hinaus gibt die letzte Textsequenz aber auch Aufschluss über die Gegenbewegung, nämlich den *Versuch einer Distanzfindung*. L. will ja den *harten Ausdruck* mildern. Die Versachlichungsbewegung, die vor allem in der Inanspruchnahme der Objektivitätskategorie und der terminologischen

> Ersetzung der *Bewertung* durch die *Note* auszumachen ist, schlägt völlig fehl. Von einer schwachen Ausprägung der Versachlichungs- und Distanzierungsbewegung zu sprechen, wäre zu wenig. Diese Bewegung gleitet sofort ab in die übermächtige Entgrenzungslogik.
>
> Die Interpretation der letzten Sequenz ist insofern aufschlussreich, als sie die Vermutung, der *Distanzlosigkeitshabitus* sei lediglich *eine Seite* des Falls, entkräften kann. Denn sobald versucht wird, so können wir verallgemeinernd schließen, die *andere Seite* zu mobilisieren, erweisen Entgrenzung, Distanzlosigkeit und manipulatorischer Zugriff ihre Allmacht.

Angesichts der Nahtlosigkeit der bisherigen Textinterpretation kann die Fallstrukturhypothese als gesichert und abgeschlossen gelten. Wir wollen, der äußeren Vollständigkeit halber, den letzten Satz der Beantwortung der ersten Interview-Frage noch kurz berücksichtigen:

Weil eben, wie gesagt, man einen Schüler, durch die Bewertung beim Schüler einiges anrichten kann, negativ, aber auch positiv.

L. kündigt eine wiederholend-resümierende Betrachtung an: *Weil eben, wie gesagt*. Wir müssen erwarten, dass er an seine Ausgangsbehauptung anschließt. Vielleicht gelingt es ihm ja nun, sich weniger *hart* auszudrücken und vielleicht stellt dieser Reformulierungsversuch eine Korrektur des bisher rekonstruierten Bildes dar.

Tatsächlich ist der Gegesatz von oben: *stimulieren/vernichten* entschärft. Nun ist nur noch von *positiv/negativ* die Rede. Sonst aber bleibt alles wie gehabt. Es ist nicht die *Bewertung* als solche, sondern es ist der Gebrauch der Bewertung durch den Lehrer, der positiv oder negativ ist. Die Bedrohlichkeit ist nun durch das Verb *etwas anrichten* benannt. Eine geradezu verblüffende Reproduktion der Logik der ersten Antwortsequenz zeigt sich darin, dass das *Positive* wie das *Negative angerichtet* werden. So wird auch der positive Pol negativ besetzt. Darin erkennen wir nun umstandslos dieselbe Figur, in der der positive Pol in der obigen Formulierung (*stimulieren*) der Logik des Missbrauchs zugerechnet werden musste. Mit dieser abschließenden Betrachtung hat der Fall sich geradezu selbst interpretiert: Etwas *positiv anrichten* stellt eine prägnante semantische Umschreibung von *stimulieren* dar.

Dieser letzte Schritt der Interpretation kann auch als Überprüfung der bisherigen Interpretation an einer potenziell falsifikatorischen Stelle angesehen werden. *Vor* dieser kurzen Interpretation hätten wir nämlich durchaus vermuten können, dass die nunmehr gewählte Formulierung (*positiv/negativ*) die Eingangsformulierung (*stimulieren/vernichten*) korrigiert. Es liegt ja eine völlig andere Wortwahl vor. Und diese Wortwahl hat nichts von der unmittelbaren Dramatik des *vernichten* und der impliziten Dramatik des *stimulieren*. Erst die Textinterpretation, die ich hier sehr kondensiert vorgenommen habe, zeigt, dass die neuerliche Wortwahl nicht zu einer Reformulierung der Fallrekonstruktion zwingt, sondern diese bestätigt.

> Die Überprüfung einer Fallstrukturhypothese in falsifikatorischer Absicht sucht Textstellen auf, die auf den ersten Blick mit der bisherigen Interpretation nicht vereinbar sind. Dieses Vorgehen setzt das Vorliegen einer trennscharf ausformulierten Fallstrukturhypothese voraus.

3. Fallstrukturgeneralisierung: Theoretische Würdigung der Fallstruktur

Als forschungslogisch letzter Schritt der Fallrekonstruktion muss eine Einbindung der empirischen Ergebnisse in die theoretischen Ausgangsüberlegungen der Interpretation erfolgen. Wie können die Ergebnisse der Interpretation auf der Folie der oben vorgeschlagenen *Fallbestimmung*, nämlich einer professionalisierungstheoretisch orientierten Sicht auf den Lehrerberuf, gewürdigt werden?

Die Fallstrukturgeneralisierung im Sinne der Vermittlung der Fallstrukturhypothesen mit den theoretischen Überlegungen ist selbst Bestandteil der empirisch-interpretativen Datenerschließung. Sie steht hier nur aus Darstellungsgründen am Ende. Diese Operation kann grundsätzlich immer dann durchgeführt werden, wenn eine Fallstrukturhypothese methodisch gesichert vorliegt.

1. Das wichtigste Ergebnis der Fallanalyse besteht in der formulierten Logik der Entgrenzung. Wir müssen davon ausgehen, dass der interviewte Lehrer *habituell* dieser Entgrenzungslogik folgt. Dieses Ergebnis lässt sich auf der Folie des oben dargestellten Modells der *pattern-variables* abbilden. Offensichtlich bewegt der Lehrer sich habituell nicht auf der Ebene der Variablen der rechten Spalte: eine Berufsrollenorientierung im Sinne einer universalistischen, affektiv-neutralen und thematisch spezifischen Leistungsorientierung liegt nicht vor. Sie scheint kurz einmal auf (*objektiv, Note*), um aber sofort wieder zerstört zu werden.
2. Durch mehrere Sinnschichten des Protokolls hindurch hat sich diese Strukturlogik reproduziert. Denn nicht erst in der Form der *Missbrauchslogik* hat sich das Entgrenzungsmotiv Ausdruck verschafft. Schon in der tendenziellen Heroisierung eines beruflichen Virtuosentums (erste Textsequenz) hat sich die Entgrenzungsproblematik angekündigt.
3. Das Parsonssche Modell habe ich als Beispiel einer begrifflichen Rekonstruktion des Lehrerberufs herangezogen, die das Problem der schulpädagogischen Handlungsanforderung in einer Vermittlungsproblematik im Spannungsfeld widerspüchlicher, paradoxaler oder antinomischer Handlungsorientierungen ansiedelt. Ich habe oben schon einmal kurz angedeutet, dass dieses Modell gleichsam aus sich heraus schon die Annahme zweier extrem vereinseitigter Typen einer beruflichen Handlungsorientie-

rung nahelegt: den (dezidiert) distanzierten und den (dezidiert) „menschlichen" Lehrer. In einem ersten Schritt kann der vorliegende Fall eindeutig *nicht* einem wie auch immer formulierbaren distanzierten Typus zugerechnet werden, sondern gehört eher in die Rubrik eines menschlich-empathischen pädagogischen Habitus.

4. Diese ad-hoc-Klassifikation kann und muss aber aus der Perspektive der empirischen Rekonstruktion reformuliert werden. Der Entgrenzungsbegriff, den wir an der Textinterpretation gewonnen haben, stellt nämlich kein positives Modell des Lehrerhandelns vor. Die potenzielle berufslogische Positivität einer die Distanz verlassenden Orientierung erscheint als *Missbrauch*. Von entscheidender Bedeutung ist hier, dass wir den Fall nicht etwa mit einer von außen herangetragenen pädagogischen Ethik konfrontieren und ihn daran messen, um dann zu einem negativen Befund zu kommen. Nein: die gleichzeitige Inanspruchnahme *und* Dementierung von Positivität hat der Fall selbst vollzogen. Er selbst hat ein Entgrenzungsmodell angesteuert, in welchem einerseits der positive Pol als solcher und in der Sprache des Falles als bedrohlich erscheint (in der Logik des Missbrauchs), und das andererseits keinerlei Vermittlungsbewegung von Be- und Entgrenzung aufzeigt.

5. Der vorliegende Fall stellt insofern eine Variante des Misslingens eines pädagogischen Habitus dar. Ich möchte noch einmal betonen, dass sich das Urteil des Misslingens nicht daraus ableitet, dass der hier vorfindliche Habitus unseren – wie auch immer gearteten – Idealvorstellungen vom Lehrerberuf nicht entspricht. Das Misslingen artikuliert sich vielmehr aus der Perspektive des Falles selbst, insofern es diesem nicht gelingt, ein konsistentes Modell der selbst in Anspruch genommenen Positivität zu entwerfen. Die strukturlogische Quelle des Misslingens muss wesentlich in dem Problem der Entgrenzung gesehen werden. Wenn wir aus der Perspektive des Falles die Frage aufwerfen, welche „positive Utopie" dem empirisch vorfindlichen Misslingen als Möglichkeit des Andersseins innewohnt, so weist die Antwort in die Richtung eines Habitus der Begrenzung und Distanz.

6. Wir sehen an diesen Überlegungen, dass die bequeme Zuschreibung der rekonstruierten Strukturlogik als bloße Besonderheit der Persönlichkeitsstruktur des interviewten Lehrers die Explikationskraft der *Strukturgeneralisierung* unterlaufen würde. Jedes Protokoll einer Lebenspraxis kann als Artikulation der Einzigartigkeit dieser konkreten Praxis gelesen werden. Es ist aber immer zugleich ein Protokoll der über diese Einzigartigkeit hinausweisenden Allgemeinheit. Zeigt sich ein Fall als hochspezifisch konturiert und mag er darüber hinaus unser sittliches Empfinden befremden, so sind wir geneigt, diesen Fall auf seine Einzigartigkeit zu reduzieren. Dieser Neigung folgt auch der quantitative Begriff der Verallgemeinerung im Sinne der Häufigkeit des Vorkommens eines Merkmals. Wir können vielleicht vermuten, dass der Typus des Misslingens, den der

vorliegende Fall zum Ausdruck bringt und dem er sich zugehörig erweist, weniger häufig vorkommt als zu formulierende Typen des Gelingens oder alternative Misslingensvarianten. In Kategorien der Methodologie der Objektiven Hermeneutik ist dieser Fall aber deshalb nicht weniger allgemein als der u. U. häufiger auftretende.
7. Die Operation der Strukturgeneralisierung erfolgt dabei in zwei zu unterscheidenden Perspektiven. Die fallrekonstruktive Generalisierung führt einmal dazu, einen Typus zu bilden, dem der vorliegende Fall angehört. In unserem Fall ist der allgemein zu formulierende Typus derjenige der habituellen Entgrenzung pädagogischen Handelns. Zum anderen aber, und darin besteht eine nicht minder wichtige Quelle der fallrekonstruktiven Generalisierung, verweist diese positiv formulierte Typenbildung auf alternative Typen. Wir haben vom Typus eines begrenzt-distanzierten pädagogischen Habitus gesprochen. Im Forschungsverständnis der Objektiven Hermeneutik stellt diese Generalisierungsoperation keine nichtempirische Spekulation dar, sondern beansprucht selbst ein entscheidender Bestandteil der methodisch kontrollierten empirischen Wirklichkeitserforschung zu sein.
8. Damit ist auch schon die Frage eines möglichen weiteren Vorgehens beleuchtet. Die vorgetragene Interpretation kann den Ausgangspunkt weiterer Fallrekonstruktionen darstellen und ist für die folgende Interpretation nichts anderes, als eine material gesättigte, methodisch kontrolliert explizierte *Fallbestimmung*.

> → Jede Fallstrukturgeneralisierung hat für die folgenden Textinterpretationen den Status einer *Fallbestimmung*.

Ein anschließendes fallrekonstruktives Vorgehen muss die Strategie verfolgen, die hier nicht realisierten Typen im Sinne strukturlogischer Alternativen zum rekonstruierten Habitus aufzusuchen und zu explizieren. Das ist zum einen und naheliegend der Distanzhabitus. Ihn gälte es, empirisch-begrifflich dingfest zu machen. Interessant wären aber auch Typen der bedingten Entgrenzung und Distanzlosigkeit, die mit dem vorliegenden Fall kontrastieren. In meinen Augen wirft die vorliegende Fallrekonstruktion die spannende Frage auf, ob ein Typus empirisch auffindbar ist, der die Nähe-Distanz-Problematik des Lehrerberufs in einem empirisch-fallrekonstruktiv explizierbaren, immanenten *Gelingensmodell* repräsentiert.

V. Zur schnellen Orientierung

Die wichtigsten Regeln, Maximen und praktischen Hinweise zur Interpretation sind hier zusammengetragen. Sie dienen als Erinnerungshilfe. Zum genaueren Verständnis sollten die Ausführungen im laufenden Text nachgelesen werden.

Was ist der Fall?

Die objektiv-hermeneutische Fallrekonstruktion beginnt nicht mit der Textinterpretation, sondern mit den Operationen der *Fallbestimmung* und *Interaktionseinbettung*.

Fallbestimmung
➔ Die Fallbestimmung besteht in einer möglichst expliziten Klärung des Forschungsinteresses und der Fragestellung. Sie gibt Antwort auf die Frage: Was ist der Fall?
➔ Der Fall ist nicht dinglich gegeben. Er ist selbst ein Produkt der „gedanklichen Ordnung von Wirklichkeit".

Interaktionseinbettung
➔ Hier geht es um die Klärung des Wirklichkeitsstatus des zu interpretierenden Textprotokolls.
➔ Was protokolliert das Protokoll?
➔ Welchen Aufschluss verspricht dieses Protokoll über den Fall?

Die Prinzipien der Interpretation

Die Interpretation folgt den Prinzipien: Kontextfreiheit, Wörtlichkeit, Sequenzialität, Extensivität und Sparsamkeit

Kontextfreiheit
- ➜ Welche Bedeutungen hat der Text, unabhängig von seinem aktuellen Kontext?
- ➜ Zur Klärung dieser Frage werden *gedankenexperimentelle Kontexte* formuliert, in denen der Text *wohlgeformt* erscheint.
- ➜ Das Prinzip der kontextfreien Interpretation bedeutet nicht, dass der Kontext keine Rolle spielt. Es bedeutet vielmehr, dass die Einbeziehung des Kontextes erst dann eine gehaltvolle und strukturerschließende, methodisch kontrollierte Operation darstellt, wenn *zuvor* eine kontextunabhängige Bedeutungsexplikation vorgenommen wurde.

Wörtlichkeit
- ➜ Nicht was der Text sagen wollte, sondern was der Text gesagt hat, ist Ziel der Explikation.
- ➜ Die Einhaltung dieses Prinzips ist dann besonders wichtig, wenn Textintention und Textgestalt voneinander abweichen (wenn etwas zum *Vorschwein* kommt).
- ➜ Das Prinzip verpflichtet den Interpreten, den Text auf die Goldwaage zu legen: was heißt *Vorschwein*?

Sequenzialität
- ➜ Das Prinzip der Sequenzialität ist darauf gerichtet, den Bildungsprozess der Textstruktur zu rekonstruieren.
- ➜ Man wandert nicht im Text auf der Suche nach brauchbaren Stellen, sondern folgt dem Textprotokoll Schritt für Schritt.
- ➜ Für die Sequenzanalyse ist es ausgesprochen wichtig, den Text, der einer zu interpretierenden Sequenzstelle folgt, *nicht zu beachten.*
- ➜ Die Explikation der möglichen Fortschreibungen der aktuell interpretierten Sequenz stellt eine Kernoperation der Sequenzanalyse dar. Die gedankenexperimentelle Fortschreibung zielt in besonderer Weise auf die Rekonstruktion des „So-und-nicht-anders-Gewordenseins" einer Lebenspraxis.
- ➜ Die Sequenzanalyse stellt eine „kumulative" Bedeutungsexplikation dar. Die Bedeutungsstruktur des Textes einer aktuell interpretierten Sequenzposition wird in Beziehung gesetzt zu dem schon vorher interpretierten Text.
- ➜ Das Prinzip verpflichtet nicht, einem Protokoll von Anfang bis Ende zu folgen. Es erlaubt die Auswahl von Textstellen. Diese müssen aber in sich jeweils als Sequenz interpretiert werden.

Extensivität
- Prinzipiell müssen alle protokollierten Textelemente berücksichtigt werden. Kein Element darf als unbedeutend ausgeschlossen werden.
- Das Prinzip verpflichtet die Interpretation darauf, sinnlogisch erschöpfend zu sein. Die gedankenexperimentellen Kontexte müssen typologisch vollständig ausgeleuchtet werden.
- Erst wenn alle Lesarten erschöpfend benannt sind, ist dem Prinzip der Extensivität Genüge getan.

Sparsamkeit
- Nur diejenigen Lesarten sind erlaubt, die vom Text erzwungen sind.
- Das sind diejenigen Lesarten, die aus gedankenexperimentellen Kontexten gebildet werden, in denen der Text wohlgeformt erscheint.
- Das Prinzips der Sparsamkeit soll verhindern, dem Fall voreilig und textlich unbegründet „Unvernünftigkeit", „Regelverletzung" oder „Pathologie" zu unterstellen.
- Das Sparsamkeitsprinzip verlangt, nur diejenigen Lesarten zuzulassen, die textlich überprüfbar sind. Es behauptet nicht, dass die unüberprüfbaren Lesarten „falsch" sind. Es behauptet nur, dass sie für einen Akt der überprüfbaren interpretatorischen Erschließung wertlos und hinderlich sind.

Das gedankenexperimentelle Vorgehen

Die Kernoperation der Fallrekonstruktion besteht in einem Dreischritt:
(1) Es werden Geschichten erzählt, in denen der zu interpretierende Text eine wohlgeformte Äußerung darstellen würde.

(2) Indem diese Geschichten typologisch gruppiert werden, formulieren wir die Lesarten des Textes.

(3) Schließlich wird diese Bedeutungsexplikation mit dem tatsächlichen Kontext der Äußerung und der manifesten Aussageintention des Textes konfrontiert. Dieser letzte Schritt erhellt die Spezifik und Besonderheit des Falls.

Geschichten und Lesarten
➔ Das Geschichtenerzählen überprüft die Frage, in welchen Kontexten ein Text ein wohlgeformtes Gebilde darstellt.
➔ Es stellt die elementare Operation der Überprüfung von Lesarten und der Entscheidung von Strittigkeiten dar. Jede Lesartenstrittigkeit lässt sich auf die Frage zurückführen: „Stellt der zu interpretierende Text in *diesem* gedankenexperimentellen Kontext eine wohlgeformte Äußerung dar?".
➔ Die Grundregeln des Geschichtenerzählens ergeben sich aus den Interpretationsprinzipien: Kontextfreiheit, Wörtlichkeit, Extensivität und Sparsamkeit.
➔ Zur gedankenexperimentellen Technik des Geschichtenerzählens gehört das *kontrastierende* Gedankenexperiment. Es dient dazu, die Frage der Wohlgeformtheit *ex negativo* zu klären. Hier werden entweder (1) Geschichten erzählt, in denen der Text offensichtlich *unpassend* ist (kontrastierende Geschichte), oder (2) der Text wird durch kontrollierte Ersetzungen so verändert, dass die Frage der Wohlgeformtheit eindeutig zu klären ist.
➔ Die interpretatorische Stellung des *kontrastierenden Gedankenexperiments* besteht darin, Eindeutigkeit in dem Urteil: „Was bedeutet der Text *nicht*?", herzustellen.

Fallstruktur
➔ Die Konfrontation der durch Geschichten begründeten Lesarten mit dem tatsächlichen Äußerungskontext erschließt die *Besonderheit der Fallstruktur*.
➔ Die Einbettung der Textbedeutung (Lesarten) in den tatsächlichen Kontext beinhaltet häufig die Konfrontation mit einer zweifelsfreien *Aussageintention*. Die Konfrontation der Textbedeutung mit der Textintention ist für die Erschließung der Fallstruktur von besonderer Bedeutung.

Drei typische Fehler

→ Besonders wichtig ist es, die Explikation der Textbedeutung *nicht* aus der Perspektive des tatsächlichen Kontextes und der offensichtlichen Textintention heraus vorzunehmen.
Diese Aufforderung stellt sich gegen den Modus unserer alltagsweltlichen Interpretation und ist deshalb nicht leicht zu befolgen. Interpretationsbeiträge wie: „Er wollte doch nur sagen dass..." oder: „Das ist vielleicht ganz anders gemeint", markieren typische Interpretationsfehler. Sie verletzten die Regeln der methodisch kontrollierten Interpretation und sind unbedingt zu vermeiden.

→ Textteile, bei denen wir die Tendenz verspüren, sie aus einem *ethisch* gefärbten Motiv heraus nicht wörtlich zu nehmen, verdienen die ganze Akribie und methodische Strenge der Interpretationsprozedur.
Das Nicht-wörtlich-nehmen speist sich häufig aus wie auch immer gearteten ethischen Motiven. Sie dürfen nicht der Interpretation die Richtung weisen. Wenn sich solche Motive im Akt der Interpretation regen, ist dies ein wichtiger Indikator, die Interpretation einer methodisch strengen Überprüfung zu unterziehen.

→ Zentral für die Textinterpretation ist es, möglichst früh möglichst riskante, d.h. folgenreiche Fallhypothesen zu generieren. Damit erst eröffnet sich die Chance einer gehaltvollen Falsifikation.
Erfahrungsgemäß ist die Neigung zur Zurückhaltung und die Angst vor „unhaltbaren" Hypothesen hier sehr groß. Dieses forschungspsychologische Hemmnis ist dem Fortschritt der Analyse abträglich. Die Chance einer prägnanten Fallrekonstruktion bleibt ungenutzt. Umgekehrt können wir methodisch darauf vertrauen, dass der Fall selbst die Korrektur oder Falsifikation erzwingt, wenn wir nur weiterhin den Interpretationsregeln folgen.

Zitierte Literatur

Adorno, Theodor W. (1981): Einleitung zu: Adorno, Theodor W. (u.a.): Der Positivismusstreit in der deutschen Soziologie. 9. Aufl. Darmstadt/Neuwied, S. 7-79.
Combe, Arno; Helsper, Werner (Hrsg.) (1996): Pädagogische Professionalität. Untersuchungen zum Typus pädagogischen Handelns. Frankfurt/M.
Dewe, Bernd; Ferchhoff, Wilfried; Radtke, Frank-Olaf (Hrsg) (1992): Erziehen als Profession. Zur Logik professionellen Handelns in pädagogischen Feldern. Opladen.
Freud, Sigmund (1916/17): Vorlesungen zur Einführung in die Psychoanalyse. In: Freud - Studienausgabe. Band I. Frankfurt/M. 1982, S. 37-445.
Friedrichs, Jürgen (1981): Methoden empirischer Sozialforschung. 9. Aufl. Opladen.
Helsper, Werner (1996): Antinomien des Lehrerhandelns in modernisierten pädagogischen Kulturen. Paradoxe Verwendungsweisen von Autonomie und Selbstverantwortlichkeit. In: Combe/Helsper (Hrsg.): Pädagogische Professionalität, S. 521-569.
Hildenbrand, Bruno (1999): Fallrekonstruktive Familienforschung. Anleitungen für die Praxis. Qualitative Sozialforschung 6. Opladen.
Horkheimer, Max; Adorno, Theodor W. (1969): Dialektik der Aufklärung. Philosophische Fragmente. Frankfurt/M.
Kromrey, Helmut (1998): Empirische Sozialforschung. 8. Aufl. Opladen.
Lévi-Strauss, Claude (1953): Der Strukturbegriff in der Ethnologie. In: Strukturale Anthropologie I. Frankfurt/M. 1977; S. 299-346.
Lévi-Strauss, Claude (1976): Mythologica: 4. Der nackte Mensch. Frankfurt/M.
Maiwald, Kai-Olaf (2003): Stellen Interviews eine geeignete Datenbasis für die Analyse beruflicher Praxis dar? Methodologische Überlegungen und eine exemplarische Analyse aus dem Bereich der Familienmediation. In: sozialer sinn, Heft 1, S. 151-180.
Maiwald Kai-Olaf (2005) (September): Competence and Praxis: Sequential Analysis in German Sociology [46 paragraphs]. *Forum Qualitative Sozialforschung/Forum: Qualitative Social Research* [On-line Journal], *6*(3), Art. 31. Available at: http://www.qualitative-research.net/fqs-texte/3-05/05-3-31-e.htm
Mead, George Herbert (1934): Mind, Self, and Society from the Standpoint of a Social Behaviorist. Works of George Herbert Mead. Edited by Charles W. Morris. Volume 1. Chicago/London.
Mead, George Herbert (1969): Philosophie der Sozialität. Aufsätze zur Erkenntnisanthropologie. Vorwort von Hansfried Kellner. Frankfurt/M.
Oevermann, Ulrich; Allert, Tilman; Konau, Elisabeth; Krambeck, Jürgen (1979): Die Methodologie einer „objektiven Hermeneutik" und ihre allgemeine forschungslogische Bedeutung in den Sozialwissenschaften. In: Hans-Georg Soeffner (Hrsg.): Interpretative Verfahren in den Sozial- und Textwissenschaften. Stuttgart, S. 352-434.
Oevermann, Ulrich (1981): Fallrekonstruktion und Strukturgeneralisierung. Frankfurt/M. (Download-Datei: http://www.rz.uni-frankfurt.de/~hermeneu).

Oevermann, Ulrich (1983): Zur Sache. Die Bedeutung von Adornos methodologischem Selbstverständnis für die Begründung einer materialen soziologischen Strukturanalyse. In: Ludwig von Friedeburg; Jürgen Habermas (Hrsg.): Adorno-Konferenz: 1983. Frankfurt/M., S. 234-289.

Oevermann, Ulrich (1985): Il n'y a pas un probleme de decrire dans les sciences sociales. In: Ackermann (u.a.) (Hrsg.): Decrire: un imparatif? Description, explication, interpretation en sciences sociales. Paris, S. 12-34.

Oevermann, Ulrich (1986): Kontroversen über sinnverstehende Soziologie. Einige wiederkehrende Probleme und Mißverständnisse in der Rezeption der „objektiven Hermeneutik". In: Stefan Aufenanger; Margit Lenssen (Hrsg.): Handlung und Sinnstruktur: Bedeutung und Anwendung der objektiven Hermeneutik. München, S. 19-83.

Oevermann, Ulrich (1991): Genetischer Strukturalismus und das sozialwissenschaftliche Problem der Erklärung der Entstehung des Neuen. In: Stefan Müller-Doohm (Hrsg.): Jenseits der Utopie: Theoriekritik der Gegenwart. Frankfurt/M., S. 267-336.

Oevermann, Ulrich (1993): Die objektive Hermeneutik als unverzichtbare methodologische Grundlage für die Analyse von Subjektivität. Zugleich eine Kritik der Tiefenhermeneutik. In: Thomas Jung; Stefan Müller-Doohm (Hrsg.): „Wirklichkeit" im Deutungsprozeß: Verstehen und Methoden in den Kultur- und Sozialwissenschaften. Frankfurt/M., S. 106-189.

Oevermann, Ulrich (1996): Theoretische Skizze einer revidierten Theorie professionalisierten Handelns. In: Arno Combe; Werner Helsper (Hrsg.): Pädagogische Professionalität, S. 70-182.

Parsons, Talcott (1951): The Social System. London.

Parsons, Talcott (1964): The School Class as a Social System: Some of its Functions in American Society. In: Social Structure and Personality. Glencoe.

Popper, Karl R. (1995): Objektive Erkenntnis: Ein evolutionärer Entwurf. 3. Aufl. Hamburg.

Weber, Max (1904): Die „Objektivität" sozialwissenschaftlicher und sozialpolitischer Erkenntnis. In: Gesammelte Aufsätze zur Wissenschaftslehre. 5., erneut durchg. Aufl. Hrsg. v. Johannes Winckelmann. Tübingen 1982, S. 146-214.

Wernet, Andreas (1997): Professioneller Habitus im Recht. Untersuchungen zur Professionalisierungsbedürftigkeit der Strafrechtspflege und zum Professionshabitus von Strafverteidigern. Berlin.

Wernet, Andreas (2000): „Wann geben Sie uns die Klassenarbeiten wieder?" Eine Fallrekonstruktion in der Lehrerausbildung. In: Klaus Kraimer (Hrsg.): Die Fallrekonstruktion. Frankfurt/M. (im Erscheinen).

Wernet, Andreas (2003): Pädagogische Permissivität: Schulische Sozialisation und pädagogisches Handeln jenseits der Professionalisierungsfrage. Opladen.

Bibliographische Notiz

Folgende Arbeiten von Oevermann (und Co-Autoren) geben einen guten Einblick in die Arbeitsweise des Verfahrens:

Leber, Martina; Oevermann, Ulrich (1994): Möglichkeiten der Therapieverlaufsanalyse in der objektiven Hermeneutik. Eine exemplarische Analyse der ersten Minuten einer Fokaltherapie aus der Ulmer Textbank („Der Student"). In: Detlef Garz; Klaus Kraimer (Hrsg.): Die Welt als Text. Theorie, Kritik und Praxis der objektiven Hermeneutik. Frankfurt/M., S. 383-427.

Oevermann, Ulrich; Simm, Andreas (1985): Zum Problem der Perseveranz in Delikttyp und modus operandi. Spurentext-Auslegung, Tätertyp-Rekonstruktion und die Strukturlogik kriminalistischer Ermittlungspraxis. Zugleich eine Umformung der Perseveranzhypothese aus soziologisch-strukturanalytischer Sicht. In: Ulrich Oevermann; Leo Schuster; Andreas Simm (Hrsg.): Zum Problem der Perseveranz in Delikttyp und modus operandi. BKA - Forschungsreihe Band 17. Wiesbaden, S. 129-437.

Oevermann, Ulrich (1990): Eugène Delacroix – biographische Konstellation und künstlerisches Handeln. In: Georg Büchner Jahrbuch 6, S. 12-58.

Oevermann, Ulrich (1995): Beckett's Endspiel als Prüfstein hermeneutischer Methodologie. Interpretation mit dem Verfahren der objektiven Hermeneutik. Oder: Ein objektiv-hermeneutisches Exerzitium. In: Hans Dieter König (Hrsg.): Neue Versuche Bekketts Endspiel zu verstehen. Sozialwissenschaftliche Interpretation nach Adorno. Frakfurt/M., S. 93-249.

Oevermann, Ulrich: (1995): Ein Modell der Struktur von Religiosität. Zugleich ein Strukturmodell von Lebenspraxis und von sozialer Zeit. In: Monika Wohlrab-Sahr (Hrsg.): Biographie und Religion. Zwischen Ritual und Selbstsuche. Franfurt/M./New York, S. 27-102.

Oevermann, Ulrich (2001): Strukturprobleme supervisorischer Praxis. Exemplarische objektiv-hermeneutische Sequenzanalyse des Sitzungsprotokolls der Supervision eines psychoanalytisch orientierten Stationsteams in einer psychosomatischen Klinik. Frankfurt/M.

Oevermann, Ulrich (2003): Struktureigenschaften künstlerischen Handelns exemplifiziert an Baudelaires Sonnett ‚À une passante', in: Joachim Fischer; Hans Joas (Hrsg.): Kunst, Macht und Institution. Studien zur Philosophischen Anthropologie, Soziologischen Theorie und Kultursoziologie der Moderne, Karl-Siegbert Rehberg zum 60. Geburtstag, Frankfurt/M und New York, S. 459-477.

Der methodische Zugriff und die Operationen der objektiv-hermeneutischen Fallrekonstruktion lassen sich an *monographischen* Arbeiten meist besser nachvollziehen als an Aufsätzen. Auf einige Arbeiten sei im Folgenden hingewiesen:

Franzmann, Andreas (2004): Der Intellektuelle als Protagonist der Öffentlichkeit. Krise und Räsonnement in der Affäre Dreyfus. Frankfurt/M.

Gärtner, Christel (2000): Eugen Drewermann und das gegenwärtige Problem der Sinnstiftung: Eine religionssoziologische Fallanalyse. Frankfurt/M.

Kutzner, Stefan (1997): Die Autonomisierung des Politischen im Verlauf der Französischen Revolution. Fallanalysen zur Konstituierung des Volkssouveräns. New York/München/Berlin.

Liebermann, Sascha (2002): Die Krise der Arbeitsgesellschaft im Bewußtsein deutscher Unternehmensführer. Eine Deutungsmusteranalyse. Forschungsbeiträge aus der Objektiven Hermeneutik, Band 4, hrsg. von Ulrich Oevermann, Roland Burkholz, Christel Gärtner und Ferdinand Zehentreiter, Frankfurt/M.

Loer, Thomas (1996): Halbbildung und Autonomie. Über Struktureigenschaften der Rezeption bildender Kunst. Opladen.

Maiwald, Kai-Olaf (2004): Professionalisierung im modernen Berufssystem: Das Beispiel der Familienmediation. Wiesbaden

Münte, Peter (2004): Die Autonomisierung der Erfahrungswissenschaften im Kontext frühneuzeitlicher Herrschaft. Fallrekonstruktive Analysen zur Gründung der Royal Society, Band 1: Theoretische Einbettung und modellbildende Analysen, Frankfurt/M.

Ohlhaver, Frank (1996): Zur Etablierung der privaten Computerhandhabung. Eine Grundlagenstudie am Fall der Computerbenutzung Jugendlicher. Frankfurt/M./Berlin/Bern/New York/Paris/Wien.

Roethe, Thomas (1994): Strukturprinzipien professionalisierten anwaltlichen Handelns: Eine hermeneutische Rekonstruktion anwaltlicher Scheidungsberatung. Baden-Baden.

Scheid, Claudia (1999): Krankheit als Ausdrucksgestalt. Fallanalysen zur Sinnstrukturiertheit von Psychosomatosen. Konstanz.

Schmidtke, Oliver (2005): Architektur als professionalisierte Praxis: Soziologische Fallrekonstruktionen zur Professionalisierungsbedürftigkeit der Architektur. Forschungsbeiträge aus der Objektiven Hermeneutik, hrsg. von Ulrich Oevermann, Roland Burkholz und Christel Gärtner, Band 8, Frankfurt/M.

Schröder, Andreas; Tykwer, Jörg (1993/94): Relaxte Betroffenheit oder wie man die Ausländerfeindlichkeit in eine Werbekampagne für die Werbung und das Fernsehen ummünzt. Eine Fallstudie in 3 Folgen. In: Medium 3/93, S. 39-48; 4/93, S. 39-48; 1/94, S. 18-25.

Steffens, Thomas (2002): Familienmilieu und biographische Verläufe psychisch *Kranker*. Fallanalysen zur sozialen Sinnstrukturiertheit schizophrener Erkrankungen. Frankfurt/M.

Tykwer, Jörg (1992): Distanz und Nähe: zur sozialen Konstitution ästhetischer Erfahrung. Eine soziologische Sinnexplikation der ersten Szenen des Spielfilms „Rote Sonne". Frankfurt/M. (Dissertation).

Wernet, Andreas (2003): Pädagogische Permissivität: Schulische Sozialisation und pädagogisches Handeln jenseits der Professionalisierungsfrage. Opladen

Zehentreiter, Ferdinand (1990): Technokratisierung der Identitätsformation und Resistenz der Lebenspraxis – die Methode der strukturalen Hermeneutik als Paradigma soziologischer Analyse der Gegenwartskultur. FrankfurtM. (Dissertation).

Die von Ulrich Oevermann, Roland Burkholz, Christel Gärtner und Ferdinand Zehentreiter herausgegebene Buchreihe „Forschungsbeiträge aus der objektiven Hermeneutik" erscheint seit 2000. Eine vollständige Liste der bisher erschienenen Titel findet auf der Homepage der „AG objektive Hermeneutik".

Methodologie

Wer sich für die Begründung der Objektiven Hermeneutik interessiert, erhält durch die im Literaturverzeichnis angegebenen Schriften von Ulrich Oevermann eine gute Einführung. Ansonsten bietet die Homepage der „AG objektive Hermeneutik" eine vollständige Literaturliste der Schriften von Oevermann. Wichtige, bisher unveröffentlichte Manuskripte (wie z.b. Fallrekonstruktion und Strukturgeneralisierung, 1981) stehen dort als Download-Datei zur Verfügung.

Wer die Sekundärliteratur zur *Methodologie* der Objektiven Hermeneutik studieren will, kann mit folgenden Texten beginnen und findet dort viele Literaturhinweise:

Sutter, Hansjörg (1994): Oevermanns methodologische Grundlegung rekonstruktiver Sozialwissenschaften. Das zentrale Erklärungsproblem und dessen Lösung in den forschungspraktischen Verfahren einer strukturalen Hermeneutik. In: Detlef Garz; Klaus Kraimer (Hrsg.): Die Welt als Text. Theorie, Kritik und Praxis der objektiven Hermeneutik. Frankfurt/M., S. 23-72.

Zehentreiter, Ferdinand (2001): Systematische Einführung: Die Autonomie der Kultur in Ulrich Oevermanns Modell einer Erfahrungswissenschaft der sinnstrukturierten Welt. In: Roland Burkholz, Christel Gärtner, Ferdinand Zehentreiter (Hrsg.): Materialität des Geistes: Zur Sache Kultur – im Diskurs mit Ulrich Oevermann. Weilerswist, S. 11-104.

Methodenvergleichend:

Bohnsack, Ralf (1999): Rekonstruktive Sozialforschung. Einführung in Methodologie und Praxis qualitativer Forschung. 3., überarb. u. erw. Aufl. Opladen.

Hildenbrand, Bruno (2004): Gemeinsames Ziel, verschiedene Wege: Grounded Theory und Objektive Hermeneutik im Vergleich. In: sozialer sinn, Heft 2, S. 177-194.

Wagner, Hans-Josef (1999): Rekonstruktive Methodologie: George Herbert Mead und die qualitative Sozialforschung. Qualitative Sozialforschung 2. Opladen.

In kritischer Haltung:

Reichertz, Jo (1995): Die objektive Hermeneutik – Darstellung und Kritik. In: Eckhard König; Peter Zedler (Hrsg.): Bilanz qualitativer Forschung. Band II: Methoden. Weinheim, S. 379-423.

Schneider, Gerald (1994): Sozialwissenschaftliche Hermeneutik und „strukturale" Systemtheorie. Zu den Grenzen und Entwicklungsmöglichkeiten der „objektiven Hermeneutik". In: Detlef Garz; Klaus Kraimer (Hrsg.): Die Welt als Text. Theorie, Kritik und Praxis der objektiven Hermeneutik. Frankfurt/M., S. 153-194.

Methoden

Nina Baur
Verlaufsmusteranalyse
Methodologische Konsequenzen
der Zeitlichkeit sozialen Handelns
2005. 367 S. Br. EUR 39,90
ISBN 3-531-14727-7

Udo Kuckartz
**Einführung in die
computergestützte Analyse
qualitativer Daten**
2005. 255 S. Br. EUR 19,90
ISBN 3-531-14247-X

Hans Benninghaus
Deskriptive Statistik
Eine Einführung für
Sozialwissenschaftler
10., durchges. Aufl. 2005. 285 S. mit
23 Abb. und 82 Tab. (Studienskripten
zur Soziologie) Br. EUR 19,90
ISBN 3-531-14607-6

Heinz Sahner
Schließende Statistik
Eine Einführung für
Sozialwissenschaftler
6. Aufl. 2005. 155 S. mit 27 Abb.
und 26 Tab. Br. EUR 15,90
ISBN 3-531-14687-4

Alexander Bogner / Beate Littig /
Wolfgang Menz (Hrsg.)
Das Experteninterview
Theorie, Methode, Anwendung
2., durchges. Aufl. 2005. 278 S.
Br. EUR 24,90
ISBN 3-531-14447-2

Nadine M. Schöneck / Werner Voß
Das Forschungsprojekt
Planung, Durchführung und Auswertung
einer quantitativen Studie
2005. 229 S. mit CD-ROM. Br. EUR 23,90
ISBN 3-531-14553-3

Cornelia Helfferich
Die Qualität qualitativer Daten
Manual für die Durchführung
qualitativer Interviews
2. Aufl. 2005. 193 S. Br. EUR 14,90
ISBN 3-531-14493-6

Mark Trappmann / Hans J. Hummell /
Wolfgang Sodeur
**Strukturanalyse
sozialer Netzwerke**
Konzepte, Modelle, Methoden.
2005. 278 S. (Studienskripten zur
Soziologie) Br. EUR 24,90
ISBN 3-531-14382-4

Erhältlich im Buchhandel oder beim Verlag.
Änderungen vorbehalten. Stand: Januar 2006.   **www.vs-verlag.de**

VS VERLAG FÜR SOZIALWISSENSCHAFTEN

Abraham-Lincoln-Straße 46
65189 Wiesbaden
Tel. 0611.7878-722
Fax 0611.7878-400